AF590790

LES
PEINTRES
LES PLUS
CÉLÈBRES
LILLE. — L. LEFORT
ÉDITEUR.

LES PEINTRES

In-12. 2e série.

A LA MÊME LIBRAIRIE

ET CHEZ LES PRINCIPAUX LIBRAIRES

OUVRAGES DU MÊME AUTEUR :

LES DÉCOUVERTES les plus utiles et les plus célèbres. in-12.

LES NAUFRAGES, in-12.

LA FRANCE CHRÉTIENNE. in-12.

HISTOIRE DE CHRISTOPHE COLOMB. in-12.

LES PRÉLATS les plus illustres de France. in-8°.

HISTOIRE DE JEAN BART. in-12.

LES GUERRIERS les plus célèbres. in-12.

LES HOMMES D'ÉTAT les plus célèbres. in-12.

LES MAGISTRATS les plus célèbres. in-12.

LES MARINS les plus célèbres. in-12.

LES ARCHITECTES et les Sculpteurs les plus célèbres. in-12.

LES MÉDECINS les plus célèbres. in-12.

LES ARTISANS les plus célèbres, in-12.

LES MUSICIENS les plus célèbres. in-8°.

LES POETES les plus célèbres. in-8°.

LES PEINTRES LES PLUS CÉLÈBRES.

LES

PEINTRES

LES PLUS CÉLÈBRES :

Van Eyck. — Fiésole.

Bellini. — Le Pérugin. — Francia. — Hemmeling. — Raphaël.

Le Titien. — Le Corrége. — Véronèse.

Rubens. — Vouet. — Le Guerchin. — Poussin. — Philippe de Champagne.

Lesueur. — Murillo. — Lebrun. — Jouvenet. — Vien. —

etc., etc.

PAR MAXIME DE MONTROND

TROISIÈME ÉDITION

LIBRAIRIE DE J. LEFORT
IMPRIMEUR ÉDITEUR

LILLE
rue Charles de Muyssart, 24

PARIS
rue des Saints-Pères, 30

INTRODUCTION

Quel vaste champ se déroule à nos regards ! Comment rappeler la vie, les travaux de tant de grands artistes de Florence, de Rome, de Bologne, de Venise, de la Flandre, de la France, etc., qui ont droit à nos hommages, à notre admiration ? Réduits à glaner quelques-unes des fleurs qui parent ce champ fécond, nous les cueillerons de préférence dans les écoles catholiques d'Italie, cette patrie naturelle des beaux-arts, où leur réveil si matinal fut en même temps si pieux, si splendide. La Flandre, qui a produit au quinzième siècle une école si chrétienne, si pure, et la première de toutes par le coloris, celle de Van Eyck, de Hemmeling, de Schorel, le pieux pèlerin de la Terre-Sainte, école plus estimable que celle de Rubens, de Jordaens et de Van Dyck, nous offrira d'admirables modèles. Vers la même époque, florissait Albert Durer, le père et le roi de la peinture en Allemagne, plus heureux et plus habile encore s'il se fût moins attaché à la réforme de Luther. Ces premiers siècles, qui précédèrent le règne de la *renaissance* de l'art païen, arrêteront longtemps nos pas. — La France était restée en arrière cette fois. L'art ne semble se réveiller dans son sein qu'au seizième siècle, lors de cette *renaissance*. Plus tard, aux dix-septième et dix-huitième siècles, elle brillera à son tour par les arts, à la tête des nations. Vouet, Poussin, Lesueur, Mignard, Lebrun, Jouvenet, etc,, enfanteront leurs chefs-d'œuvre, et donneront à l'école française cette haute réputation qu'elle s'efforce si péniblement de reconquérir aujourd'hui.

Nous défendant d'une admiration exclusive, défaut trop ordinaire des ardents amis de l'art chrétien, de cet art si méconnu encore parmi nous, nous donnerons cependant droit de cité dans cette galerie aux principaux artistes qui, à des titres divers, ont illustré par un talent éminent leur siècle, leur pays; à ceux dont le nom est resté plus populaire en se rattachant à quelque splendide monument.... Mais nos sympathies, nos préférences, n'en sont pas moins pour les hommes dont le génie a glorifié Dieu dans leurs œuvres.

Un admirable artiste de nos jours, doué d'une originalité puissante et libre, un artiste qui a su mettre au service de la pensée catholique tous les perfectionnements modernes du dessin et de la perspective, ignorés des anciens, a exposé, à Francfort, un magnifique tableau, appelé le *Triomphe de la Religion dans les arts*, ou plus brièvement le *Magnificat de l'art.* Au-dessous de la Mère de Dieu, placée au sommet des groupes, et écrivant elle-même cet hymne glorieux pour exciter ceux qui l'entourent à glorifier avec elle le Seigneur, l'auteur a représenté l'assemblée des artistes, composée uniquement de ceux qui ont voué d'une manière spéciale leurs talents au service de la religion et chanté la gloire du Très-Haut!... Comme le pieux Overberck, nous voudrions, nous aussi, retracer dans ces pages la figure de ces artistes d'élite dont les chefs-d'œuvre, sans ajouter à la *majesté de Dieu*, comme le Jupiter de Phidias, ont néanmoins glorifié le Dieu véritable.

En décorant les temples, les autels du Seigneur, en retraçant sur la toile ou sur le marbre le mémorial de ses miracles, de ses bienfaits, en rappelant l'histoire si touchante de la Vierge et des saints, ils ont honoré, servi la Religion! La Religion, à son tour, a couronné leurs noms d'une gloire immortelle.

Heureux les jeunes artistes de nos jours, s'ils pouvaient apprendre à leur école que la foi, inspiratrice de tant de chefs-d'œuvre, est la source toujours féconde où ils doivent puiser pour conquérir comme eux un nom glorieux et immortel!...

LES PEINTRES LES PLUS CÉLÈBRES

Les frères Van Eyck.

(Ecole flamande.)

1366 — 1450

C'est une belle et touchante histoire que celle des frères Van Eyck, les célèbres inventeurs de la peinture à l'huile. Leur union fraternelle, leurs travaux communs, le caractère religieux de leurs ouvrages, rappellent l'exemple des frères Bellini, les fondateurs de l'école vénitienne. Mais quelle est dans l'atelier des deux peintres flamands cette troisième figure naïve et gracieuse qui rend leur histoire plus touchante encore ? C'est celle de Marguerite, dévouée à ses frères, dont elle partage les travaux. Elle a refusé constamment de se marier, pour se consacrer avec plus de liberté à la peinture. Qu'un rayon de la gloire des frères Van Eyck rejaillisse donc sur leur bien-aimée sœur Marguerite!

Hubert et Jean Van Eyck naquirent tous deux à Maëseyck, petite ville près de Maëstricht, sur les bords de la Meuse. Hubert, né, dit-on, en 1366, était l'aîné ; Jean

2

survécut longtemps à son frère, qui mourut dès l'année 1426. L'histoire de ces deux peintres ne peut être séparée. Comme ils travaillèrent presque toujours ensemble, il n'est guère possible d'apprécier le talent qui leur était propre. Jean Van Eyck, dont la vie est plus connue et le nom plus célèbre, naquit en 1370, et eut pour maître son frère Hubert. Doué également de toutes les qualités qui font les grands peintres, ils mirent de bonne heure leurs talents en commun. Ils travaillèrent ensemble à Ypres, à Gand et à Bruges. Après la mort d'Hubert, Jean se fixa dans cette dernière ville, d'où lui vint le nom de *Jean de Bruges*, sous lequel il est plus connu. Bruges, cette ancienne rivale de la belle Venise, était alors l'une des plus brillantes villes de l'Europe pour son commerce. Jean Van Eyck, recherché par les riches négociants, par les seigneurs du pays ou des autres nations, ne pouvait suffire à leur empressement. La renommée de son talent parvint en Italie. Frédéric duc d'Urbin et Laurent de Médicis lui commandèrent des tableaux. Des marchands de Florence en achetèrent un dont ils firent présent à Alphonse roi de Naples. Antonello de Messine le vit à Naples, et aussitôt il quitta tout pour venir à Bruges, où il parvint, dit-on, à force d'instances et grâce au don de quelques dessins d'Italie, à obtenir de Van Eyck le secret de son talent.

C'est à Gand cependant, dans la belle cathédrale de Saint-Bavon, que se trouve le tableau le plus remarquable des frères Van Eyck : *les Vieillards et les Vierges de l'Apocalypse adorant l'Agneau*. Ce merveilleux chef-d'œuvre, l'une des plus précieuses productions de l'école flamande, renferme plus de trois cents figures de 12 à 14 pouces de proportion, dont aucune ne ressemble aux autres. Vasse de Wyts, seigneur de Pamèle, riche patricien de Gand, avait commandé ce tableau en 1420. Les deux frères, s'étant mis à l'œuvre, ne le terminèrent que douze ans après, en 1432. Hubert mourut dans l'intervalle, lorsque les quatre premiers panneaux, la partie capitale, étaient seuls achevés. Les Gantois firent à l'artiste de pompeuses funérailles. Durant plus de deux siècles, ils exposèrent dans un lieu d'honneur le bras et la main qui avaient tenu le pinceau d'Hubert Van Eyck. Jean, un instant découragé par la mort de son frère, se remit bientôt à l'œuvre avec une ardeur nouvelle, et avec l'aide de sa sœur Marguerite, il mena à bonne fin cet incomparable monument de l'art.

L'*Adoration de l'Agneau* occupe un espace de onze pieds de haut sur quatorze de large. Dieu le Père, assis sur son trône éternel, règne au centre de la partie supérieure; d'une main il bénit le monde, de l'autre il tient le sceptre qui dirige l'univers créé. A la droite de Dieu, la sainte Vierge, aussi sur son trône, couronnée, radieuse, présente une des têtes les plus belles, les plus célestes qu'on puisse voir. C'est la plus suave Vierge de l'école flamande, et on doit la ranger parmi les plus délicieuses Madones de Vinci, de Francia ou de Raphaël. De l'autre côté apparaît le saint précurseur, Jean-Baptiste, dans toute l'austérité de sa mission divine. Au-dessous de ces trois panneaux est le plus grand, qui contient le sujet de l'ouvrage, *l'Adoration de l'Agneau*, décrite dans l'Apocalypse. Autour de l'Agneau céleste éclatant de lumière, sont quatre groupes de saints et d'anges; puis à droite les vierges, les patriarches, les prophètes; à gauche les apôtres, les saints évêques, les confesseurs et les martyrs. Parmi les prélats figure saint Liévin, le patron de la ville de Gand. Le fond laisse voir les tours lumineuses de la Jérusalem céleste, figurées par les tours élégantes de Maëstricht, cité voisine de Maëseyck, patrie bien aimée des deux frères, d'où leurs regards, dans leur enfance, aimaient à découvrir ces vieux monuments. Sur les volets de ces quatre grands panneaux, on voit des groupes d'anges chantant ou jouant de divers instruments de musique (1). Sainte Cécile y est retracée sous les traits de la bonne Marguerite, la sœur chérie d'Hubert et de Jean. Les portraits des deux frères y figurent dans un groupe de dix cavaliers. Enfin, sur un panneau consacré aux saints guerriers, apparaissent le roi saint Louis, le vaillant Godefroi de Bouillon, et les princes croisés de la Flandre. Des ermites, des pèlerins remplissent le reste. Parmi les premiers, on voit sainte Marie-Madeleine avec son vase de parfums. Les pèlerins sont conduits par saint Christophe à la taille de géant.

Telle est cette vaste et magnifique composition de l'*Adoration de l'Agneau*, qui occupe l'un des premiers rangs parmi les chefs-d'œuvre de l'école flamande. Après plus de quatre cents ans, elle a conservé toute la fraîcheur de son coloris, et l'on peut y découvrir encore, comme au quinzième siècle, les traces de l'admirable talent des Van Eyck. Toutes les parties de cet ouvrage, surtout les riches draperies, sont du travail le plus achevé. Mais ce tableau, comme quelques autres fameux, a eu ses tribulations et ses vicissitudes. Un écrivain a publié son intéressante histoire (2). Nous en extrairons quelques détails.

Dès que l'œuvre si longtemps attendue fut livrée aux regards du public, elle devint l'orgueil des Gantois et l'une des merveilles de leur ville. On vénéra la mémoire d'Hubert Van Eyck, on combla d'honneurs son frère. Jean-Philippe le Bon, comte de Flandre, fit l'acquisition du tableau pour le donner au pays. Quand

(1) Les anciens peintres étaient dans l'usage de fermer leurs tableaux avec des volets, pour conserver l'éclat des couleurs.

(2) M. L. de Bast.

Charles-Quint fit reconstruire la belle église de Saint-Bavon, au centre de la cité, il affecta une chapelle spéciale, dite encore *la chapelle de l'Agneau*, au tableau des frères Van Eyck. Les Gantois placèrent dans cette même chapelle la tombe d'Hubert. Un instant, la ville de Gand put croire qu'elle allait être dépouillée de ce chef-d'œuvre par Philippe II, fils de Charles-Quint, désireux de l'emporter en Espagne. Le clergé de Saint-Bavon se mit alors sur la brèche : les chanoines, résolus à défendre le plus cher ornement de leur église, résistèrent avec fermeté aux prières du monarque : une lutte obstinée entre de faibles prêtres et un roi puissant laissa enfin aux ayant-droit le champ de la victoire.

Philippe II céda donc ; mais il exigea de la ville de Gand qu'elle lui donnât une copie parfaite du chef-d'œuvre pour la chapelle de son vieux palais de Madrid. Michel Coxcie, peintre de Malines, élève de Van Orley et de Raphaël, fut chargé de ce travail important. Il y consacra deux années, qui lui furent payées 4,000 florins. Mais le peintre flamand, tout en s'efforçant d'atteindre son merveilleux original, avait eu assez de patriotisme pour ne pas faire une copie complétement fidèle. Envoyée à Madrid, elle y excita néanmoins l'enthousiasme général. Plus tard, le tableau de l'*Adoration de l'Agneau* courut le danger d'être perdu, non-seulement pour les Gantois, mais encore pour toutes les nations. En 1566, lorsque les huguenots pillaient les églises, et que Bruxelles, Anvers et les autres villes des Pays-Bas voyaient périr des chefs-d'œuvre sans nombre, Gand devait avoir son tour. Déjà les pillages commençaient, lorsqu'un peintre gantois, Luc de Héeze, protégea l'œuvre des frères Van Eyck. Il lui donna asile dans sa maison, où les nouveaux iconoclastes, par respect pour un nom cher au pays, n'osèrent pénétrer. Quand, vingt ans plus tard, en 1585, le bien-aimé tableau reparut plus beau de son long exil, ce fut toute une fête : il sembla que la bonne fortune du pays veillait à la garde du monument.

Mais, après plus de deux siècles de paisible possession, voici venir la république française qui envahit la Belgique (1794). Les quatre panneaux principaux de l'œuvre des deux frères sont transportés au musée du Louvre. Les volets avaient été cachés; cependant un officier français, revenant à Gand en 1803, avait vu la place du chef-d'œuvre des frères Van Eyck toujours vide, et il avait compris la douleur des Gantois : il s'en ressouvint cinq ans plus tard. Les Français, ayant pris Madrid, Belliard, devenu général, s'arrêta, dans la chapelle du vieux palais, devant la copie célèbre de Michel Coxcie. Lorsqu'on enleva les douze panneaux donnés à Philippe II, il les envoya à Gand, où ils furent reçus comme une ombre chérie qui console et réjouit un peu. En 1815, à la chute de l'empire, le tableau des frères Van Eyck revint à l'église de Saint-Bavon. Les quatre grands panneaux que Paris avait admirés vingt ans furent remis à leur place. Un concours immense vint les saluer; Gand tout entier se livra à la joie (1).

On doit citer encore, parmi les bons ouvrages de Jean Van Eyck : *S. Donatien, S. Georges et un Chanoine devant la sainte Vierge*; une *Adoration des Mages*, autrefois à la galerie du Palais-Royal; une *Vierge au donataire*; *la Vierge couronnée par un ange*, et *les Noces de*

(1) Quant aux huit volets soustraits aux commissaires français, ils n'avaient pas reparu. On dit qu'ils furent vendus pour 6,000 francs à M. Van Nieuwenhuisen, de Bruxelles, qui les revendit 100,000 francs à M. Solly, anglais, lequel les emporta en Prusse. Frédéric-Guillaume III les paya 410,000 francs. La ville de Gand voulut faire casser ce marché, elle n'y parvint pas. Les Gantois ne rentreront donc jamais dans la possession de ces précieux volets, à moins toutefois de conquérir la Prusse.

Cana, aujourd'hui au musée du Louvre (1). Ce qui étonne surtout dans les œuvres de ces deux maîtres de l'école flamande, c'est l'éclat de tons et la fraîcheur du coloris. Le temps, qui rembrunit si vite nos tableaux, a respecté ceux de ces peintres. Si l'art de peindre à l'huile fut longtemps le secret des Van Eyck, ne semble-t-il pas, à la vue de leurs ouvrages, que ce secret, quoique transmis à leurs élèves, ne soit pas parvenu en entier jusqu'à nous ?

Les frères Van Eyck jouissaient d'une juste célébrité dans l'histoire de l'art, comme les inventeurs de la peinture à l'huile. On a voulu cependant leur contester l'honneur de cette découverte, pour l'attribuer à Théophile, dit *le Moine* ou *le Prêtre*, écrivain et artiste très-recommandable pour son temps (onzième ou douzième siècle). Mais c'est à tort que, dans son ouvrage important, *Diversarum artium schedula*, on a cru trouver une description de la vraie peinture à l'huile. Théophile ne parle que de peintures exécutées avec de l'huile de lin pure ou seulement concentrée au feu. Il emploie cette peinture à *plat* pour couvrir les portes et les fenêtres, et il se plaint lui-même que lorsqu'il veut s'en servir pour représenter des fleurs ou des figures, il trouve fort long et fort incommode (*diuturnum* et *tædiosum*) d'attendre qu'une couleur ait séché pour en établir une autre par-dessus. Théophile ne possédait donc qu'un procédé superficiel et fort peu utile. S'il en eût été autrement, pourquoi n'eût-il pas été adopté par Giotto, Masolino, Jasdi, et tant d'autres peintres antérieurs aux deux frères flamands ? A Hubert et Jean Van Eyck appartient donc l'honneur de l'inven-

(1) Citons encore *Un Jeune Homme et une Jeune Fille allant contracter mariage ;* tableau qui fut découvert par Marie, veuve du roi de Hongrie, dans la boutique d'un perruquier, lequel reçut en échange une charge de 100 florins par an.

tion de la véritable peinture à l'huile, ou l'emploi des couleurs broyées avec des huiles siccatives. Ainsi l'ont tous pensé les peintres flamands et italiens de leur temps et des deux siècles suivants. Ce procédé, dont on reconnut la supériorité incontestable sur la détrempe et le collage des couleurs à l'eau ou au blanc d'œuf, fut généralement adopté. Communiqué, dit-on, par Jean Van Eyck au peintre Antonello de Messine, il fut par ce dernier importé en Italie, où Raphaël, Corrége, le Titien et les autres grands maîtres l'employèrent plus tard avec tant d'éclat et de gloire (1).

Jean de Bruges mourut en 1450, dans cette ville, où il s'était fixé. La belle cité flamande garde encore pieusement les souvenirs de ce grand maître. A Gand, près de la place qu'on appelle le Kautre, au coin de la rue des Vaches et du marché aux Oiseaux, on s'arrête devant l'élégante façade d'une maison nouvellement reconstruite et décorée de deux médaillons qui retracent les figures célèbres des frères Van Eyck. Là, en effet, il y a quatre cents ans, ces deux hommes immortels illustraient leur patrie, car c'était la maison des premiers chefs de l'école flamande, des pères de la peinture dans

(1) Voici comme on raconte l'origine de la peinture à l'huile : Jean de Bruges cultivait, dit-on, la chimie. En cherchant le moyen de purifier ses couleurs pour les rendre plus durables, il avait trouvé un vernis qu'il appliquait sur ses tableaux, ce qui leur donnait plus de luisant et de force. Ce vernis ne séchant point seul, le peintre exposait ses tableaux au soleil. L'un d'eux, qui lui avait coûté beaucoup de soin, étant ainsi exposé à ses rayons, se brisa un jour et se partagea en deux. La douleur fit recourir l'artiste à la chimie pour essayer si, par le moyen des huiles cuites, il ne pourrait pas trouver celui de faire sécher son vernis sans le secours du soleil ou du feu. Il se servit de l'huile de noix et de lin comme les plus *siccatives*; et les faisant cuire avec d'autres drogues, il composa un vernis beaucoup plus beau que le premier. Il éprouva de plus que les couleurs se mêlaient plus facilement avec l'huile qu'avec la colle ou l'eau d'œuf.

les Pays-Bas. Leur atelier, qu'il eût fallu respecter comme le sanctuaire des arts, a fait place à de jolis salons. Mais l'antique capitale du comté de Flandre n'en garde pas moins très-fidèlement la mémoire d'Hubert et de Jean Van Eyck; et parmi tant de monuments qu'elle montre avec orgueil à l'étranger, elle met toujours au premier rang l'*Adoration de l'Agneau*, le plus bel ornement de sa splendide cathédrale.

Le Frère Angélique de Fiésole.

(Ecole florentine.)

1387 — 1455

Le moine Jean de Fiésole, peintre de l'école de Florence, surnommé *l'Angélique*, et communément appelé en Italie *il Beato*, occupe par sa vie, aussi bien que par ses œuvres, le premier rang entre les peintres vraiment dignes du nom de catholiques. La gloire de celui qui atteint l'idéal de l'art chrétien recommence à briller d'un vif éclat, aujourd'hui que l'esprit humain, lassé sans doute de ses longs égarements, s'arrête incertain et semble jeter un regard d'envie et d'admiration vers les âges catholiques : le peintre béatifié a repris peu à peu la place que lui avait assignée le jugement de ses contemporains; et la France, qui possède un de ses chefs-d'œuvre, s'habitue à son tour à le compter parmi les grands maîtres. Il nous est doux de consacrer ici quelques pages à la mémoire de ce peintre angélique. Mais afin d'en parler plus dignement, nous n'hésitons pas à emprunter l'intéressante notice publiée sur lui par un noble écrivain dont la savante plume, comme l'éloquente parole, se montre depuis longtemps dévouée au culte du vrai et du beau sous toutes leurs formes et devant tous leurs produits.

« Jean naquit en 1387, à Mugello, petit village des environs de Florence. A vingt et un ans, il prit à Fiésole l'habit de l'ordre des Frères prêcheurs, fondé par saint Dominique ; il porta désormais le nom de l'endroit où il s'était consacré à Dieu. On dit qu'auparavant dans le monde il s'appelait Guido ou Santi Tasini. Il vint peu après à Florence, où il entra au couvent de Saint-Marc, dans cette illustre maison, dont notre bienheureux peintre devait être la première et la plus pure illustration. Ce fut là qu'il commença à se livrer à la pratique de la peinture. On ne connaît pas son maître. Quel que soit celui dont il ait reçu les premières leçons, il faut bien admettre que Dieu seul a pu inspirer un génie comme le sien, et admirer cette vitalité puissante, fruit du silence et de la paix du cloître. La peinture n'a été évidemment pour lui qu'un moyen d'union avec Dieu : c'était sa manière de gagner le Ciel, son humble et fervente offrande à Celui qu'il aimait par-dessus tout ; c'était la forme du culte spécial et intime qu'il rendait à son Rédempteur. Jamais il ne prenait ses pinceaux sans s'être livré à l'oraison en guise de préparation. Il restait à genoux pendant tout le temps qu'il employait à peindre les figures de Jésus et de Marie ; et chaque fois qu'il lui fallait retracer la crucifixion, ses yeux étaient baignés de larmes. Son art était si bien à ses yeux une chose sacrée, qu'il en respectait les produits comme le fruit d'une inspiration plus haute que son intention. Il ne retouchait et ne perfectionnait jamais ses travaux ; il se bornait au premier jet, croyant, à ce qu'il disait sans détour, que c'était ainsi que Dieu les voulait. Il ne faut rien moins que le témoignage précis de son biographe sur ce fait pour y croire, quand on examine l'incroyable perfection, le fini, la délicatesse de toutes ses œuvres.

» Mais on comprend qu'avec ces dispositions son dévouement à l'art ne nuisait en rien à l'exercice de toutes les vertus monastiques. Aussi toute sa vie fut-elle marquée par une fidélité touchante aux trois vœux sacrés qui le liaient à Dieu par la règle du grand saint Dominique. Quant à sa *pureté*, il suffit de contempler au hasard une figure quelconque sortie de son pinceau, et l'on restera convaincu que jamais une pensée indigne de Jésus et de Marie n'a pu s'arrêter dans une âme capable de se reproduire par des reflets semblables. La *pauvreté* monastique lui était si chère, qu'il refusait toujours de stipuler un prix pour ses œuvres et distribuait aux malheureux la totalité des sommes qu'elles lui rapportaient. Il aimait les pauvres pendant sa vie, dit Vasari, « aussi tendrement que son âme peut aimer aujourd'hui le ciel où il jouit de la gloire des bienheureux. » Enfin l'habitude de *l'obéissance* lui était si naturelle, qu'il ne voulait même recevoir de commandes pour son art que par l'intermédiaire de son supérieur spirituel, le prieur de Saint-Marc ; et lorsqu'on venait lui demander un travail, il répondait simplement qu'il fallait en convenir avec le Père prieur et qu'il ferait tout ce qui lui serait ordonné. Un jour qu'il était à dîner chez le pape Nicolas V, il ne voulut pas manger de viande, parce que son prieur n'était pas là pour le lui permettre, oubliant, dans sa douce simplicité, qu'il y était convié par le pontife dont l'autorité était plus que suffisante pour le dispenser. Mais toutes ces choses extérieures lui étaient étrangères et indifférentes ; il disait sans cesse : « Celui qui veut peindre a besoin de tranquillité et de vivre sans pensées ; celui qui s'occupe des choses du Christ doit être toujours avec le Christ. »

C'était là sa théorie de l'art, et Dieu lui permit de la mettre en pratique avec un bonheur et un éclat dignes de ces hautes pensées. Il débuta par des chefs-d'œuvre dès sa première jeunesse. Ses premiers travaux furent consacrés à orner de miniatures admirables les livres de chœur de son monastère, en société avec son frère aîné, moine et peintre comme lui. Bientôt il se livra à la peinture sur fresque, dans des proportions considérables, sans renoncer toutefois à ces charmantes miniatures dont les reliquaires donnés par lui à Santa-Maria-Novella peuvent nous donner une idée. Encore aujourd'hui, ce célèbre monastère de St-Marc, illustre par tant de titres, offre au voyageur catholique la plus complète collection des œuvres du saint artiste, dont les grandes et sublimes fresques de la salle du chapitre, le crucifix, et les lunettes du cloître, et enfin la série d'histoire de la vie de Marie, qu'il voulut peindre dans la cellule de ses frères. Mais on n'y retrouve plus sur le grand autel cette *Madone* qui, selon Vasari, par son exquise simplicité excitait à la dévotion tous ceux qui la regardaient.

Dans un siècle où les inspirations d'un art encore tout imprégné du christianisme constituaient une partie essentielle de la vie religieuse et publique, un génie comme celui du frère Jean ne pouvait rester longtemps caché dans son cloître. Aussi fut-il recherché avec avidité et célébré avec enthousiasme. Ses œuvres, en se multipliant, acquirent une immense popularité dans toute l'Italie. Vasari, dont le goût classique et matérialiste ne pouvait certes sympatiser avec celui du mystique de Fiésole, nous a conservé, dans l'article qu'il lui a consacré, l'écho de cette exaltation tendre et pieuse qu'inspiraient les œuvres de notre moine et que venait ratifier le jugement des plus fins connaisseurs. « Ce tableau, dit-il en parlant d'une *predella* (1), qui représentait

(1) *Predella* ou *gradino* : on appelle ainsi le petit cadre longitudinal qui se trouve au-dessous de la plupart des grands tableaux, d'après les anciens maîtres, et où ils représentaient divers traits

la légende de saint Côme et saint Damien, est si parfait, qu'il est impossible de s'imaginer un travail plus diligent, ni des figures plus délicates, mieux entendues que celles qu'on y voit. — Cette *annunziata*, dit-il encore à propos d'une Madone recevant le message divin, a un profil si pieux, si délicat et si parfait, qu'on la dirait vraiment peinte non par des mains d'homme, mais dans le paradis. Les saints qu'il a peints ressemblent plus à des saints que ceux d'aucun autre peintre. » Enfin, parlant du magnifique *Couronnement de la Vierge*, que l'on peut voir au Louvre, le biographe ajoute : « On y voit une quantité de saints et de saintes, si nombreux, si parfaits, dans des attitudes si variées et avec des airs de tête si gracieux, que l'on éprouve une douceur incroyable à les regarder. On sent que les esprits bienheureux, s'ils avaient des corps, ne pourraient être autrement dans le ciel qu'il les a représentés. Ils ne paraissent pas seulement vivants, mais la douceur et la délicatesse de leur expression est telle qu'on les dirait peints de la main d'un ange et d'un saint, comme ils le sont en effet; car c'était un ange que ce bon religieux, et on l'a toujours surnommé frère Jean *l'Angélique*.... Pour moi, j'avoue que je ne puis jamais contempler cette œuvre sans qu'elle me paraisse nouvelle, et je n'en suis jamais rassasié quand je m'en sépare. »

Si la vue de ce tableau arrachait à Vasari d'aussi précieux aveux, quels transports ne doit-il pas exciter dans une âme prédisposée par l'étude et l'amour de la véritable poésie chrétienne! Nous avons eu le bonheur de le posséder à Paris (1). Mais c'est encore à Florence, dans

de la vie des saints qu'ils avaient peints en pied dans la partie supérieure.

(1) Il se trouve dans la nouvelle galerie des dessins, disposée dans l'aile occidentale de la cour du Louvre.

les fresques de Saint-Marc et à l'Académie des beaux-arts, qu'il faut aller pour apprécier toute l'étendue et toute la profondeur du génie de ce peintre angélique. Dans ce dernier édifice se trouve le tableau que nous regardons comme son chef-d'œuvre : son *Jugement dernier* (1). Ne

(1) M. de Montalembert a fait ailleurs une description détaillée de ce tableau. « Qu'on se figure, dit-il, une planche de quelques pieds carrés. Au milieu de la partie supérieure, Notre-Seigneur est assis dans sa gloire ; ses deux bras sont étendus : sa main droite, portant l'empreinte rayonnante de la plaie du crucifiement, est ouverte du côté des élus qu'il semble convier à entrer dans son royaume ; sa gauche est également étendue du côté des damnés, mais elle est fermée, ils n'en voient que le revers ; ce seul geste dit tout : il est d'une simplicité sublime. Le Seigneur est au centre d'une nuée de séraphins disposés en forme d'amande (forme consacrée, à cause de la Trinité dont ce fruit était le symbole) ; ces séraphins sont rouges, pour exprimer l'ardeur de l'amour qui les consume ; autour d'eux sont rangés, en ellipses concentriques, toute la hiérarchie céleste en adoration, chaque ordre avec son symbole, les archanges avec des *pallium*, les puissances avec des casques et des lances, etc. ; chacune de ces petites figures est en soi une charmante miniature. Aux pieds du Christ, un ange dresse la croix triomphante, et deux autres sonnent encore de longues trompettes qui ont éveillé le genre humain. A la droite, Marie, revêtue d'une longue robe blanche, semée d'étoiles, doublée de vert (couleur de l'espérance), les mains timidement croisées sur sa poitrine, lève vers son Fils un délicieux regard d'amour et de prière pour les pauvres mortels. A la gauche, saint Jean-Baptiste présente au Juge suprême l'agneau symbolique comme pour l'apaiser ; derrière la reine des anges est le plus grand des saints ; sur la même ligne, sont assis, en deux rangées sur leurs trônes, les patriarches, les apôtres et les principaux saints ; Joseph à côté de Marie et comme protégé par elle ; Pierre avec la clef d'or du paradis et la clef d'argent du purgatoire ; Paul avec son épée, Moïse, David avec sa lyre ; François d'Assise avec ses stigmates lumineux ; Etienne, la figure toute empreinte de la joie du martyre, et bien d'autres. De légers nuages blancs voilent leurs pieds, de longs rayons de feu resplendissent de tous côtés autour d'eux ; car ils sont déjà au sein de la gloire céleste. Rien ne saurait égaler l'expression de toutes ces têtes, ce mélange ineffable de béatitude calme et sereine avec le Saint-Esprit dont les frappe l'éclat de la justice divine. L'imagination la plus exigeante reste satisfaite et même dépassée. La partie inférieure du tableau répond

pouvant donner ici une idée, même superficielle, de ses divers travaux, nous citerons l'excellent résumé qu'en a donné l'écrivain qui jusqu'ici a le mieux parlé de la peinture chrétienne. « La componction du cœur, dit M. Rio, ses élans vers Dieu, le ravissement extatique,

parfaitement à la moitié d'en haut; le centre est occupé par une longue avenue de tombes ouvertes et vides, dont la perspective se termine par le grand tombeau de Jésus-Christ, le seul fermé, *parce qu'il n'a rien à rendre*. Le jugement vient d'être prononcé : chacun connaît son sort. A gauche, les damnés de toute classe.... A droite, sont les élus, et c'est ici où l'on peut voir jusqu'à quel point le génie chrétien triomphe des difficultés, et comment une inconcevable variété peut se concilier avec la plus complète unité; tous ont la tête levée vers le ciel, tous regardent leur Sauveur en le remerciant et l'adorant, et nul ne ressemble à son voisin. Au premier rang, on voit un pape dont le visage calme et sublime semble exprimer la joie du repos après ses durs travaux; derrière lui un empereur, type de chevalier chrétien; puis un roi, et à côté du roi un pauvre pèlerin qui a cheminé jusqu'au ciel; une jeune princesse toute éclatante de pureté et de foi; beaucoup de religieuses, d'évêques, de laïcs, de moines d'une beauté ravissante, mais chez qui l'on voit bien que la beauté physique n'est que le rayonnement extérieur de la beauté morale. Mais voici les anges gardiens qui viennent chercher les élus sur lesquels ils ont veillé pendant le temps d'épreuves : chaque ange s'agenouille à côté de son élu, et imprime sur ses lèvres un baiser fraternel; puis il le conduit au ciel à travers une prairie émaillée de fleurs, où les anges et les hommes sauvés dansent ensemble, *Cantantes chorosque ducentes in occursum Regis*; les uns et les autres sont couronnés de roses blanches et rouges; dans la seule expression de leurs mains qu'ils se tendent l'un à l'autre, il y a un trésor de poésie. La ronde finie, ils s'envolent deux à deux vers la Jérusalem céleste. On aperçoit dans le lointain ses murs resplendissants; son portail entr'ouvert laisse échapper un torrent de rayons dorés, au milieu desquels va se perdre un couple heureux, peut-être un ange et son élu, peut-être deux âmes qui se sont aimées et sauvées ensemble....

» Qu'on ajoute à cette esquisse le prestige d'un coloris frais et pur, un dessin correct sans exagération anatomique, des draperies d'une grâce parfaite, des expressions de visage vraiment divines, et l'on aura une faible idée de ce *Jugement dernier*. Quand on l'a vu et compris, on reste bien froid devant celui de Michel-Ange. » (DE MONTALEMBERT, *Du Vandalisme et du Catholicisme dans l'art*.)

l'avant-goût de la béatitude céleste, tout cet ordre d'émotions profondes et exaltées que nul artiste ne peut rendre sans les avoir préalablement éprouvées, furent comme le cycle mystérieux que le génie de frère Angélique se plaisait à parcourir et qu'il recommençait avec le même amour quand il l'avait achevé. Dans ce genre, il semble avoir épuisé toutes les combinaisons et toutes les nuances, au moins relativement à la qualité et à la quantité de l'expression ; et pour peu qu'on examine de près certains tableaux où semble régner une fatigante monotonie, on y découvrira une variété prodigieuse qui embrasse tous les degrés de poésie que peut exprimer la physionomie humaine. C'est surtout dans le couronnement de la Vierge au milieu des anges et de la hiérarchie céleste, dans la représentation du jugement dernier, au moins en ce qui concerne les élus, et dans celle du paradis, limite de tous les arts d'imitation; c'est dans ces sujets mystiques si parfaitement en harmonie avec les pressentiments vagues, mais infaillibles de son âme, qu'il a déployé avec profusion les inépuisables richesses de son imagination. On peut dire de lui, que la peinture n'était autre chose que sa formule favorite pour les actes de foi, d'espérance et d'amour (1). »

Ce n'est pas seulement Florence qu'il enrichit de cette parure chrétienne : sa gloire, en se répandant au loin, le fit appeler dans diverses villes de la Toscane et de l'Ombrie. On voit encore quelques débris de ses travaux à Cortone, à Pérouse et surtout à Orvieto. Enfin le pape Nicolas V, si ami des arts, le fit venir à Rome, où il peignit à fresque la chapelle du Saint-Sacrement, que Paul III fit détruire pour élargir un escalier, et la chapelle dite de Saint-Laurent, si complétement oubliée par la barbarie des dix-septième et dix-huitième siècles, que

(1) Rio, *De la Poésie chrétienne : Forme de l'art.*

le savant Bottari ne put y entrer qu'en escaladant la fenêtre, les clefs de la porte ayant été perdues. « Cette œuvre si simple, dit M. Rio, si pure, si dégagée de tout alliage profane, n'était pas cependant ce qui avait fait la plus forte impression sur l'esprit du Pape. Il s'était aperçu que l'âme de l'artiste valait encore mieux que son pinceau. » L'archevêché de Florence ayant vaqué sur ces entrefaites, il le jugea digne d'en être revêtu. Mais Fra Angelico, en apprenant l'intention du pontife, le supplia instamment de lui faire grâce de ce fardeau, parce qu'il ne se sentait nullement propre à gouverner les peuples. Il ajouta qu'il y avait dans son ordre un moine nommé Antonin, très-amoureux des pauvres, très-habile dans la conduite des âmes, craignant Dieu, et beaucoup mieux fait que lui pour être revêtu de cette dignité. Le Pape, plein de confiance dans sa recommandation, lui accorda la nomination qu'il sollicitait, et l'humble peintre eut ainsi la gloire d'appeler au siége de Florence celui qui devait y briller d'un éclat si pur, et que l'Eglise vénère aujourd'hui sous le nom de saint Antonin.

Fra Angelico mourut à Rome, en 1455, à l'âge de soixante-huit ans. Il fut enterré dans l'église de son ordre, la seule gothique qui soit restée à Rome, et dont le nom est comme le symbole de la victoire éternelle du christianisme sur le paganisme au sein de la capitale du monde, *Santa-Maria sopra Minerva*. On y voit encore sa tombe avec sa figure en pied et les mains jointes, gravée au trait, et on y lit cette épitaphe :

« Non mihi sit laudi quòd eram velut alter Apelles,
» Sed quòd lucra tuis omnia, Christe, dabam :
» Altera nam terris opera exstant, altera cœlo;
» Urbs me Johannem flos tulit Ætruriæ. »

« Qu'on ne me loue pas de ce que j'ai peint comme un autre » Apelles, mais de ce que j'ai donné tout ce que je gagnais à tes » pauvres, ô Christ! J'ai travaillé pour le ciel en même temps que

3

» pour la terre ; je m'appelais Jean ; la ville qui est la fleur de l'E-
» trurie a été ma patrie. »

« Après sa mort, au surnom d'*Angélique* vint se joindre celui de *Bienheureux*, *il Beato*. C'est ainsi qu'il est principalement désigné encore aujourd'hui à Florence et dans toute l'Italie ; toutefois cette expression de la pieuse admiration des chrétiens n'implique nullement un culte public et autorisé par l'Eglise.

» Au premier rang de ses élèves on voit figurer Benozzi-Gozzoli, qui continua fidèlement la ligne tracée par son maître, et dont la gloire est inscrite sur les murs du plus bel édifice de l'Italie, le campo-santo de Pise ; puis encore Gentile de Fabriano, le père de cette dynastie sublime des peintres de l'école d'Ombrie, qui devait finir avec la défection de Raphaël, en laissant à l'art chrétien, comme pour le consoler, Francis de Bologne. On peut aussi regarder Fra Angelico comme la souche des trois grandes branches de l'école mystique, celles de Florence, d'Ombrie et de Bologne (1). »

Gentile et Jean Bellini.

(Ecole vénitienne.)

1421-1516

L'école vénitienne occupe une place éminente dans l'histoire de l'art, à côté de l'école ombrienne et de l'école florentine. Le quinzième siècle vit s'ouvrir la série de ces peintres illustres dont les travaux ont concouru puissamment à la gloire de la fière république. Les frères Bellini peuvent être regardés comme les premiers anneaux de cette brillante chaîne. Avec eux commence cette noble

(1) De Montalembert : notice extraite de la seconde livraison des *Monuments de l'Histoire de sainte Elisabeth de Hongrie.*

lignée d'artistes qui participèrent au grand mouvement de l'art à Venise. Jetons sur eux quelques regards, et rappelons leurs principaux titres aux hommages de la prospérité.

Gentile naquit à Venise, l'an 1421, et Jean, l'an 1426. Leur père, Jacques Bellini, habile peintre vénitien, leur enseigna son art avec beaucoup de zèle. Les deux frères, répondant à ses soins, furent de bonne heure en état de l'aider dans ses travaux. Après avoir travaillé quelque temps ensemble et exploité en commun les précieuses traditions qui leur avaient été léguées par Gentile de Fabriano, le maître de leur père, ils se séparèrent pour suivre chacun de son côté la direction qu'il jugerait la meilleure. Ils n'en restaient pas moins toujours très-unis de cœur. « Jean Bellin, dit un écrivain, avec sa tendance profondément mystique, se plaça tout d'abord dans le point de vue le plus élevé ; mais Gentile, tout en cédant quelquefois à l'ascendant fraternel, conserva un secret penchant pour les traditions de l'école de Mantegna, qu'il crut pouvoir combiner avec le but transcendental de l'art chrétien. La perspective linéaire et l'étude de l'antique eurent toujours un certain charme pour lui, ce qui ne l'empêcha pas de chercher ailleurs la vraie nourriture de son âme et de son imagination, et de s'inspirer au besoin des plus grands souvenirs et des plus consolantes promesses du christianisme. Son enthousiasme pour Dandolo, ce doge octogénaire et aveugle qui joua un si grand rôle dans la croisade des Latins contre l'empire grec, le zèle qu'il mit à refaire le portrait de ce héros vénitien sur un original très-ancien qui tombait en ruines, la hardiesse avec laquelle il présenta au sultan Mahomet, dans son propre palais, l'image de saint Jean-Baptiste décapité par l'ordre d'un despote, mais surtout les inscriptions pieuses qu'on lit sur quelques-uns de ses tableaux, tout cela révèle une âme accessible à tous les sentiments qui peuvent exalter et honorer l'artiste chrétien (1). »

Le sultan Mahomet II ayant demandé un peintre à la république de Venise, la noble cité, fière de cet hommage, désigna Gentile, qu'elle fit solennellement transporter à Constantinople sur une galère de l'Etat. Reçu avec de grands témoignages d'estime, Gentile fit d'abord le portrait du sultan. Mahomet lui commanda beaucoup d'autres tableaux. Il ne se lassait pas de le voir travailler et il l'avait pris en extrême affection. Parmi les tableaux que Gentile Bellini peignit à Constantinople, on cite une *Décollation de saint Jean-Baptiste*, à laquelle se rattache une abominable histoire, qu'on peut révoquer en doute, bien qu'elle ne sorte point du caractère connu du sultan Mahomet II (2).

Gentile Bellini revint dans sa patrie, comblé de riches présents et de titres d'honneur. Venise lui accorda une pension de deux cents écus. Elle lui donna bientôt une marque d'estime plus grande encore en l'adjoignant à son frère Jean, qu'elle avait chargé d'une tâche immense dans le palais ducal.

Il s'agissait d'y peindre une sorte d'épopée nationale se rapportant aux démêlés du pape Alexandre III avec l'empereur Frédéric Barberousse, et à la glorieuse inter-

(1) Rio, *De la Poésie chrétienne.*

(2) Mahomet II, dit-on, tout en admirant ce tableau, fit observer au peintre que les muscles et la peau du cou séparés de la tête n'étaient point suivant l'effet de la nature; et pour prouver la justesse de sa critique, il ordonna d'amener un esclave qu'il fit sur-le-champ décapiter sous ses yeux. D'autres disent que Bellini empêcha cette barbarie en criant au sultan : « Seigneur, dispensez-moi d'imiter la nature en outrageant l'humanité. » On assure que Bellini demanda son congé, dans la crainte qu'un homme capable d'une aussi froide cruauté ne fît un jour servir son artiste favori à quelque démonstration.

vention des Vénitiens, qui avait eu pour résultat la pacification de l'Italie et le triomphe de l'autorité spirituelle célébrés aux acclamations du peuple dans la basilique de Saint-Marc. Sur ce fond historique, déjà très-grandiose par lui-même, l'imagination populaire avait bâti, dans le cours des deux derniers siècles, un magnifique poëme dont tous les épisodes étaient dès lors regardés comme authentiques. C'était ce poëme patriotique que les deux frères Bellini devaient faire passer à la forme de l'art la mieux appropriée de toutes au goût national. Ils se partagèrent les quatorze chants de cette épopée. Six grands sujets furent l'œuvre de Gentile. On y voyait le Pape présentant le cierge au doge Ziani, le départ des ambassadeurs vénitiens pour traiter de la paix avec Frédéric II, leur arrivée en présence de l'empereur; le Pape exhortant le doge et les Vénitiens à s'embarquer sur la flotte, puis l'accompagnant au départ et lui donnant sa bénédiction comme gage d'un succès certain.

Enfin, c'était le retour du doge victorieux, à qui le Souverain-Pontife remettait l'anneau, comme emblème de l'empire que la république était appelée à exercer sur les mers.

Dans les autres tableaux, œuvres de Jean Bellini, on voyait le doge Ziani, descendu du *Bucentaure*, faisant la soumission de la république au pape Alexandre III, qu'on venait de reconnaître sous son déguisement de moine dans le couvent de la Charité. Puis c'était le chef-d'œuvre de Jean Bellini, la *Bataille navale entre le doge et le prince Othon*, monument de patience aussi bien que de génie, à l'achèvement duquel l'artiste avait consacré plusieurs des plus belles années de sa vie. On voyait ensuite Othon vaincu, obtenant de son père qu'il se réconciliât avec le Souverain-Pontife; puis le Pape débarquant avec le doge dans le port d'Ancône et lui accordant le privilége de l'ombrelle. Venait ensuite leur entrée triomphale dans Rome, puis l'image d'une fête célébrée en mémoire de ce grand événement. Enfin, dans le dernier tableau paraissaient le Pape et l'empereur avec le doge servant de médiateur entre la puissance temporelle et la puissance spirituelle.

Il ne reste rien de ces quatorze grandes fresques depuis l'incendie de 1577, qui détruisit toutes les peintures des deux Bellini avec celles de Titien (1). Mais l'Académie des beaux-arts de Venise nous a conservé assez de tableaux de Gentile pour attester son mérite. Là se trouve sa magnifique *Procession de la vraie Croix sur la place Saint-Marc*, qui est comme une apparition de la splendeur catholique de l'ancienne Venise, et que le pieux artiste a signée ainsi : *Gentilis Bellinus amore incensus Crucis*. 1496.

« Quel beau temps cependant pour des chrétiens que celui où le génie proclamait sa foi en signant son chef-d'œuvre de ces mots simples et sublimes.... *enflammé de l'amour de la Croix* (2)*!* »

Ce premier tableau, peint pour la confrérie de Saint-Jean l'Evangéliste, fut suivi de deux autres presque aussi magnifiques (3). L'un est le *Miracle de la vraie Croix tombée dans le canal et retirée de l'eau par le pieux André Vendramini*. En traçant cette belle scène sur la toile, le cœur du peintre fut encore plus ému que la première fois, et pour exprimer sa dévotion croissante pour le signe sacré de la Rédemption, il signa son œuvre de ces tou-

(1) Cette épopée en peinture flattait tellement l'amour-propre des Vénitiens, qu'après cet incendie, ils voulurent que d'autres pinceaux reproduisissent les mêmes scènes dans le même ordre et sur les mêmes compartiments.

(2) De Montalembert.

(3) Ils furent peints également pour la confrérie de Saint-Jean l'Evangéliste, et ils sont à l'Académie des beaux-arts.

chantes paroles : *Gentilis Bellinus pio sanctissimæ Crucis affectu lubens fecit.* 1500.

Le troisième tableau représentait un membre de la confrérie guéri miraculeusement de la fièvre quarte, et contemplant la Croix, l'instrument de sa guérison, avec un air d'extase et d'adoration profonde. « Ce fut encore, dit M. Rio, un exercice de piété pour l'imagination du vieux Bellini ; peut-être même fut-ce son dernier ouvrage, car il mourut peu d'années après l'avoir terminé, et l'on peut bien supposer qu'il revenait souvent sur cette pensée consolante et qu'il attendait aussi la guérison de toutes ses infirmités par la Croix. »

Citons encore, parmi les beaux ouvrages de Gentile Bellini, son tableau de *Saint-Marc prêchant à Alexandrie*, qu'on admire aujourd'hui à la galerie Brera de Milan : curieux tableau, où les femmes écoutent le saint, portent le costume turc, que Gentile excellait surtout à peindre, et où l'église de Sainte-Euphémie sur la place d'Alexandrie n'est autre que celle de Saint-Marc à Venise.

Gentile Bellini mourut à Venise en 1511, âgé de quatre-vingts ans, aimé, honoré de ses concitoyens, et fort regretté de son frère, qui durant quinze années encore perpétua la gloire de leur nom.

Les églises et les galeries de Venise sont pleines des tableaux de Jean Bellini. Ce grand artiste est surtout admirable pour la pureté de son imagination et la gravité grandiose de tous ses personnages. Les grandes compositions cycliques n'étaient pas celles qui avaient le plus de charme pour lui : son imagination plus mystique et plus exaltée s'accommodait mieux des simples tableaux de dévotion, alors très-recherchés par les familles patriciennes qui en décoraient leurs palais ou les églises placées sous leur patronage. Disons ici, à la gloire de Venise comme à celle du peintre, qu'on ne trouve pas un seul tableau païen ou mythologique parmi tous ceux que les patriciens firent exécuter à Jean Bellini (de 1460 à 1515), à une époque où Florence et Rome étaient inondées par le paganisme. Faisons connaître les principaux d'entre eux, en empruntant quelques fragments au bel ouvrage de M. Rio, le digne appréciateur de l'art chrétien, et le savant révélateur de leurs produits sur la terre italique.

« .... Quant à ses types fondamentaux du Christ, de la Vierge et des Apôtres, ils étaient arrêtés et fixés dans son imagination d'une manière irrévocable, et c'était la gravité mélancolique qui en formait le principal caractère. Aussi a-t-il interdit à son pinceau toutes les scènes qui pouvaient dénaturer son sujet en le rendant gracieux ; point d'effusion de tendresse maternelle, point de caresses enfantines échangées entre le petit saint Jean et l'enfant Jésus. Le plus souvent, ce dernier est représenté par lui la main levée pour donner sa bénédiction, et toujours l'expression du visage est en harmonie avec l'attitude du corps. Quant à la Vierge, on voit qu'elle est tout entière au pressentiment de ses souffrances, c'est déjà la Mère aux Sept-Douleurs ; le type n'en est pas aussi beau que celui de l'école ombrienne, mais il est plus prophétique....

» .... Il n'y a peut-être jamais eu d'artiste qui ait fait des progrès si surprenants depuis le commencement jusqu'à la fin de sa carrière. Quand on compare les premiers ouvrages de Jean Bellini avec ceux qu'il fit à l'âge de 70 ou 80 ans, on est tenté de croire qu'ils appartiennent à des siècles différents, et qu'il a fallu plusieurs générations pour franchir une pareille distance.

» .... Pour l'aider à donner plus de vigueur à ses teintes et plus de relief à ses formes par le charme du clair-obscur que jusqu'alors il avait négligé, Antonello de Messine vint lui révéler fort à propos le secret de la peinture à l'huile (1).... Un des plus empressés et des plus heureux dans cette conquête fut Jean Bellin, devant qui cette découverte sembla ouvrir une carrière toute nouvelle. Alors seulement, étant plus que sexagénaire, il commença à produire ce qu'on peut appeler ses chefs-d'œuvre..... ; car il n'est pas possible d'appeler autrement le tableau qui est dans la sacristie de l'église de Frari, ou celui qui est à Saint-Pierre de Murano. Le premier offre toute l'imposante gravité d'une composition religieuse dans la figure de la Vierge et dans celle des saints qui entourent le trône où elle est assise ; et dans les figures d'anges, il égale les plus charmantes miniatures pour la fraîcheur du coloris et la naïveté de l'expression : c'est une œuvre qui peut hardiment prendre place à côté des plus belles productions mystiques de l'école ombrienne. Il semble qu'un avant-goût de la béatitude céleste ait épanoui l'âme du vieillard pendant qu'il y travaillait ; il a ôté ce voile de mélancolie dont il aimait à couvrir le visage de la Vierge ; ce n'est plus la Mère aux Sept-Douleurs qu'il a voulu peindre ; cette fois il a préféré voir en elle la source de la joie, *causa nostræ lætitiæ ;* il lui a adressé cette courte prière :

Janua certa poli, duc mentem, dirige vitam,
Quæ peragam commissa tuæ sint omnia curæ.

» Le tableau de Murano (2), bien que portant la même date que le précédent, lui est supérieur à certains égards, ... mais ce qu'il importe d'y remarquer avant tout, c'est ce doge revêtu de la couronne ducale et humblement agenouillé devant l'Enfant Jésus. C'est la première

(1) Antonello l'avait appris lui-même de Jean de Bruges. (Voyez Van Eyck.)

(2) *Le Doge à genoux devant la Madone* (1488).

fois que nous rencontrons dans l'histoire de l'école vénitienne cette pieuse représentation si souvent reproduite dans le palais des doges et dans les tableaux de famille ; si l'on peut en citer ailleurs quelques exemples rares et isolés, nulle part au moins cet usage n'a été transformé comme à Venise en un acte d'humilité nationale et en un témoignage de reconnaissance publique pour les succès obtenus sur terre ou sur mer, pour la cessation d'un fléau, en un mot, pour tout ce qui était regardé comme l'effet d'une protection spéciale de la Providence.

» A côté de ces deux ouvrages, et probablement vers la même époque, il faut placer celui qui est dans la sacristie de l'église du Rédempteur (1).... En présence de cette ravissante miniature, où le charme du coloris est joint à l'expression la plus pure qu'il soit possible de concevoir, l'imagination la plus exigeante reste satisfaite, et non-seulement la critique est désarmée, mais encore elle se refuse à l'analyse de cet ordre de beautés qui n'est plus du domaine du goût et qui appartient à une sphère bien plus élevée....

« A l'âge de quatre-vingts ans, Jean Bellin fit le tableau magnifique qui forme la principale décoration de la belle église de Saint-Zacharie (2), et qui serait encore admirable pour la vigueur du ton, pour le progrès du clair-obscur et pour la perfection du dessin, lors même qu'il ne serait pas un chef-d'œuvre de l'école vénitienne pour tout ce qui tient à la poésie et à la profondeur des caractères. On ne conçoit rien de plus grandiose que les figures de saint Pierre et de saint Jérôme ; les

(1) *Madone les mains jointes pour protéger le sommeil de l'Enfant Jésus.*

(2) *Madone, avec saint Pierre, saint Jérôme, sainte Catherine et sainte Agathe.*

attitudes et les airs de tête respirent la dignité et la sainteté ; et dans les figures de sainte Catherine et de sainte Agathe, l'expression est accrue de toute l'intensité que lui donne cette beauté de profil et de proportions, cette grâce naïve et cet air de simplicité touchante, attributs exclusifs des productions de cette époque, qui fut comme l'âge d'or de la peinture chrétienne.

» ..... A l'âge de près de quatre-vingt-dix ans, Jean Bellin entreprit de peindre, pour l'église de Saint-Jean-Chrysostôme, un tableau de *S. Jérôme dans sa solitude*, sujet admirablement choisi par ce vieux patriarche de la peinture vénitienne, qui, sentant approcher le terme de sa longue carrière, ne s'inspirait plus désormais que de ce qui avait rapport à cette grande pensée.

» Ce n'est plus ici la composition traditionnelle reçue dans toutes les écoles. Saint Jérôme est assis sur un rocher, au milieu d'un paysage sévère et peu varié, où l'on ne voit pas d'autres personnages que lui. Son livre est posé sur le coude que forme le tronc recourbé d'un gros arbre, et, bien qu'il paraisse absorbé par sa lecture, son visage respire le calme le plus profond et se trouve en parfaite harmonie avec l'aspect de cette vaste solitude. C'est sans contredit l'ouvrage le plus attendrissant qu'ait laissé l'auteur ; il semble que le dernier vœu de son cœur y ait été déposé, et qu'il ait voulu y confier à la toile les aspirations secrètes de son âme vers ce repos ineffable dont il traçait une si poétique image. Il y a souvent dans les dernières œuvres des artistes chrétiens des intentions mystérieuses qui ne sauraient être devinées ni mêmes soupçonnées que par ceux qui ont hérité de leurs doctrines en matière de foi comme en matière d'art (1).... »

(1) Rio, *De la Poésie chrétienne*.

Bornons ici nos citations; mais rappelons encore, parmi les beaux ouvrages de Jean Bellin, *la Madone entre saint Jean l'Evangéliste et sainte Catherine*, et *la Madone entre saint François et saint Jérôme*, de l'église du Rédempteur; *la Madone avec sainte Catherine, sainte Ursule, etc.*, de l'église Saint-Jean et Saint-Paul; *la Madone entre saint Job, saint François, saint Louis, etc., avec trois anges musiciens*, qu'on admire à l'Académie des beaux-arts, où se trouvent encore une *Vierge avec l'Enfant Jésus endormi*, et une autre *Madone avec saint Jean-Baptiste, saint Jérôme, etc.* On doit citer enfin son *Christ en pied*, de la galerie de Dresde.

Jean Bellin peignit une quantité innombrable de portraits : les plus intéressants se trouvaient dans les grandes peintures à fresque du palais ducal et ont péri dans l'incendie de 1577; mais ceux qui restent suffisent pour donner une idée du génie avec lequel il traita cette branche secondaire de l'art. On peut en juger par le petit tableau du musée du Louvre, où Jean Bellin a réuni le buste de son frère Gentile et le sien (1). La vue de ce charmant ouvrage rappelle la touchante amitié qui régna constamment entre les deux frères. Jean Bellin avait survécu à Gentile; mais jusqu'à la fin, son âme pleine de douceur avait gardé de lui le plus tendre souvenir. Il mourut en 1516, à quatre-vingt-dix ans. On l'ensevelit avec de grandes marques d'honneur, et l'on exauça ses derniers vœux en plaçant sa dépouille mortelle dans le même tombeau où quinze ans auparavant il avait déposé celle de son frère bien-aimé (2).

(1) La galerie du Louvre possède deux autres tableaux de *Jean* Bellini.

(2) L'école religieuse pure, dont Jean Bellini est considéré comme e chef, se perpétua à Venise par ses élèves ou disciples, Cima de

Le Pérugin.

(Ecole ombrienne ou romaine.)

1446—1524.

Pietro Vanucci, dit *le Pérugin*, est célèbre dans l'histoire de l'art, comme le maître de Raphaël et comme le chef de cette école ombrienne à laquelle, à la fin du quinzième siècle, après la mort du *Beato* et de Benozzo, est dévolue la suprématie de l'art chrétien. Il sut effectuer la conciliation si difficile, alors surtout, de progrès immenses dans le coloris et le dessin avec la pureté et la profondeur des traditions mystiques. Arrêtons-nous donc un instant sur la vie et les travaux du Pérugin, l'un des illustres maîtres de ces écoles catholiques des quatorzième et quinzième siècles, si digne encore de toute notre admiration.

Le Pérugin, ainsi nommé de Pérouse (Perugia), sa patrie d'adoption, naquit en 1446, à Cita-della-Pieve, petite ville à vingt milles de Pérouse, où l'on voit encore dans une chapelle, dite *la Chiesaretta*, une fresque de la *Nativité*, l'un de ses plus délicieux ouvrages. Il eut pour maître Fiorenzo de Lorenzo, élève et imitateur de Bonozzo-Gozzoli. Ayant quitté fort jeune encore son pays natal, il vint à Florence, afin de s'y perfectionner dans son art. «Le style du Pérugin, dit un écrivain, était dès lors irrévocablement fixé quant au fond, ses types fondamentaux étaient adoptés, sa tendance mystique

Conegliano, Basaïte, Carpaccio, Vincent Catena, Mansueti, François et Jérôme Santa-Croce, et dans les villes de la Terre-Ferme, depuis le Frioul jusqu'aux frontières du Milanais, par Cariano, Previtali, Bissolo, Permachi, Pellegrino de San-Daniele, etc., tous restés fidèles aux traditions chrétiennes, et dignes de partager la gloire de leur illustre maître.

aussi prononcée qu'elle le fut jamais, et sa vocation comme artiste chrétien fixée d'une manière irrévocable ; mais les germes préconçus étaient susceptibles d'un développement ultérieur, le coloris devait prendre un ton plus vigoureux pour donner plus de relief aux formes, ce qu'on appelle la *manière* ne pouvait pas rester toujours la même : en un mot, il fallait entrer dans les voies du *progrès*, sans cependant compromettre la pureté des traditions qu'il avait reçues de ses devanciers. Ces deux choses n'étaient pas faciles à concilier, au milieu du mouvement inouï que le concours des circonstances les plus extraordinaires imprimait alors à l'art florentin, dont le domaine était de plus en plus envahi par le naturalisme et le paganisme, au préjudice de l'élément religieux qui semblait s'être réfugié d'abord dans l'école ombrienne pour reparaître ensuite avec plus d'éclat dans les tableaux du Pérugin. »

A défaut des encouragements des Médicis et des lauréats soldés de la cour, le Pérugin obtint ceux d'André Verocchio, chef d'une école d'où sortirent Lorenzo di Credi et Léonard de Vinci. Cet honorable suffrage lui valut celui de plusieurs monastères qui lui confièrent la décoration de leur église ou de leur cloître. Ses plus importants travaux pendant ce premier séjour à Florence furent les nombreuses peintures qu'il exécuta pour un couvent près de la porte Pitti, et dont trois tableaux d'autel, échappés comme par miracle au vandalisme de soldats mercenaires, se trouvent encore aujourd'hui dans cette ville (2). Enfin, telle fut la vogue dont le Pérugin jouit en peu de temps à Florence, dans le reste de l'Italie, et jusque dans les pays étrangers, que ses ouvrages de-

(1) Rio.

(2) *Le Christ en croix*, à l'église de San-Giovannino. — *Déposition de croix*, au palais Pitti. — Même sujet à l'Académie.

vinrent pour un grand nombre de négociants la matière de spéculations fort lucratives (1).

De retour à Pérouse, à l'âge d'environ trente ans, le Pérugin fut chargé de plusieurs travaux considérables dont l'exécution surpasse l'attente que ses premières œuvres avaient fait concevoir. Dès 1475, il occupait une place éminente dans l'estime de ses concitoyens. Appelé peu de temps après à Rome par Sixte IV, il peignit dans la chapelle Sixtine trois grandes compositions : *l'Assomption de la Vierge*, *le Baptême de Notre-Seigneur*, *Saint Pierre recevant les clefs*. A la vue des deux derniers de ces ouvrages qui subsistent encore dans presque toute leur fraîcheur, on regrette plus vivement la perte du premier, le plus important, détruit impitoyablement sous Paul III pour faire place au *Jugement dernier* de Michel-Ange.

Le Pérugin, favori de la cour pontificale, se vit surchargé de travaux dont le succès allait toujours croissant. Il n'eût tenu qu'à lui de faire une brillante fortune dans la capitale du monde chrétien ; mais, rappelé par l'amour de ses chères montagnes, il reprit le chemin de Pérouse avec la résolution d'y fixer son séjour. Là son talent fleurit pendant plus d'un quart de siècle sans symptômes visibles de décadence, et enfanta tous ces magnifiques tableaux qu'on admirait autrefois dans presque toutes les églises de Pérouse, et dont le plus grand nombre a été dispersé dans les principales villes d'Italie ou dans des contrées étrangères. Il nous serait doux de rappeler tant de productions. Borné par l'espace, nous énumérerons seulement quelques œuvres d'une beauté supérieure ou qui ont le plus approché de l'idéal chrétien.

A Florence, ce sont : à l'Académie, les *portraits de deux abbés*, une *Crucifixion*, une *Assomption ;* à la tri-

(1) Rio.

bune des *Uffizi*, une *Madone entre saint Jean-Baptiste et saint Sébastien ;* dans le cloître du couvent de Sainte-Marie-Magdeleine, une *Crucifixion avec plusieurs saints.* A Rome, le musée du Vatican offre du Pérugin une *Madone entre quatre saintes*, et le tableau de *Marie et Joseph agenouillés devant l'Enfant Jésus*, dit *il Presepe della spinetta*, terminé par Pinturichio et Raphaël, et chef-d'œuvre de l'école. Une *Madone* et *Anges adorant Notre-Seigneur*, au palais Albani ; *Saint Sébastien*, une *Déposition de croix*, au palais Borghèse, rappellent encore dans cette capitale le génie du maître de Raphaël. La pinacothèque de Bologne possède de ce grand artiste une *Assomption avec quatre saints ;* l'église de Saint-Augustin de Sienne, une *Crucifixion avec Notre-Dame, la Magdeleine, saint Jean et saint Jérôme ;* Sainte Marie de la Scala de Vérone, une *Madone entre saint Pierre, saint Jérôme, saint Etienne et sainte Catherine ;* enfin la pinacothèque de Munich, une *Apparition de Notre-Dame à saint Bernard.*

A Saint-Augustin de Pérouse, sont d'autres chefs-d'œuvre du Pérugin : *la Nativité, le Baptême, l'Adoration des rois et des bergers, Saint Sébastien aux pieds de la Madone,* etc. Les fresques admirables de la *Salle du Change*, ou la Bourse de Pérouse au quinzième siècle, sont justement célèbres. On y voit représentés les *Prophètes et les Sybilles*, et divers sujets de l'Ancien et du Nouveau-Testament. Parmi eux est une *Transfiguration*, dont Raphaël a copié presque toute la partie supérieure, mais sans arriver à la beauté d'expression que le Pérugin a su donner aux apôtres, particulièrement de saint Jean, parant d'une main les rayons de lumière dont sa figure est éblouie (1).

(1) On trouve à Naples quelques autres productions du Pérugin. — Notre musée du Louvre possède de lui trois tableaux : *La Vierge tenant l'Enfant Jésus*, *la Sainte Famille*, *Jésus ressuscité ap-*

En retournant à Pérouse, après son séjour à Florence et Rome, le Pérugin avait fondé une école. Elle fut l'origine de cette école romaine, la première entre toutes celle d'Italie. C'est là que le père de Raphaël vint présenter son jeune fils, heureux et honoré d'obtenir son admission au nombre des élèves de l'artiste dont la renommée ne connaissait alors point de rival. Le Pérugin sût bientôt découvrir le talent de son disciple, qui de son côté appréciait les qualités de son illustre maître. Appelé à son tour à Rome par Jules II, Raphaël admira et protégea l'ouvrage du Pérugin. Il fut le constant ami du vieux chef de l'école chrétienne. On aime à rappeler que, dans son immortel tableau de l'*Ecole d'Athènes*, Raphaël lui a donné un témoignage touchant de sa reconnaissance, en se représentant lui-même écoutant les leçons du Pérugin.

Ce grand artiste continua de peindre jusque dans un âge très-avancé. En 1521, déjà presque octogénaire, il achevait dans le couvent de Saint-Sever une grande fresque commencée par son disciple Raphaël près de vingt ans auparavant. Ce fut comme son dernier adieu à l'art. Jusqu'alors, pour satisfaire aux demandes de presque toutes les bourgades des environs de Pérouse, il n'avait cessé de travailler avec toute la vitesse que comportait son âge avancé.... Mais s'il y a eu décadence chez le Pérugin dans ses dernières années, il n'y en eut aucune dans son école ; au contraire, nous la voyons fleurir plus que jamais sous ses auspices. Alors commence sa fécondité, et elle produit l'artiste immortel qu'on peut appeler à juste titre le prince de l'art chrétien. « Elle était cependant, dit M. Rio, sous le rapport de la variété des sujets, bien plus pauvre qu'aucune des écoles contemporaines : on

paraissant à la Madeleine. — On doit citer aussi de ce maître un de ses plus beaux tableaux, le *Mariage de la Vierge*, aujourd'hui à Caen.

n'y exploitait ni les turpitudes mythologiques, ni l'étude des bas-reliefs et du costume antique, ni même les grandes scènes historiques de l'histoire sainte ; on se bornait au développement et au perfectionnement de certains types très-restreints en nombre, mais qui réunissaient tout ce que la foi peut inspirer de poésie et d'exaltation. La gloire de l'école ombrienne est d'avoir poursuivi sans relâche le but transcendental de l'art chrétien, sans se laisser séduire par l'exemple ni distraire par les clameurs ; il semblerait qu'une bénédiction spéciale fût attachée aux lieux particulièrement sanctifiés par saint François d'Assise, et que le parfum de sa sainteté préservât les beaux-arts de la corruption dans le voisinage de la montagne où tant de peintres pieux avaient contribué l'un après l'autre à décorer son tombeau. De là s'étaient élevées, comme un encens suave vers le ciel, des prières dont la ferveur et la pureté assuraient l'efficacité ; de là aussi étaient jadis descendues, comme une rosée bienfaisante, sur les villes les plus corrompues de la plaine, des inspirations de pénitence qui avaient gagné de proche en proche le reste de l'Italie. L'heureuse influence exercée sur la peinture faisait partie de cette mission de purification, et nous voyons en effet le Pérugin, qui fut le grand missionnaire de l'école ombrienne, en étendre les ramifications d'un bout à l'autre de l'Italie (1). »

L'historien Vasari, organe d'ignobles rancunes nourries contre le Pérugin par plusieurs artistes florentins antipathiques à son école, n'a pas craint de charger de calomnies atroces la mémoire de ce grand artiste.

Assez d'autres les ont victorieusement réfutées pour nous dispenser de cette facile tâche. Au reproche d'avidité mercantile que Vasari reproduit sous toutes les formes, on peut opposer un fait authentique oublié par

(1) *De la Poésie chrétienne.*

l'historien. Vis-à-vis la maison du Pérugin, dans sa ville natale, il y avait un oratoire dont tout l'intérieur était décoré de magnifiques fresques. Or savez-vous quel avait été le salaire de l'artiste?... Il n'avait demandé en paiement.... qu'une omelette (*una frittala*). « Belle leçon de désintéressement que Vasari et tous les autres peintres lauréats de la cour de Médicis n'étaient pas trop disposés à pratiquer (1). »

Si l'on en croit certaines traditions, cependant, le Pérugin ne fut point toujours exempt d'avarice. Ce vice même lui serait devenu fatal. Il avait, dit-on, l'habitude de porter avec lui une petite cassette contenant tout son argent. Son domestique, instruit de cet usage, l'attendit un soir au coin d'une rue isolée pour le dépouiller, et le frappa de plusieurs coups de poignard. Le Pérugin mourut des suites de ces blessures à Pérouse (1524), à l'âge de 78 ans (2).

Le talent du Pérugin, malgré sa supériorité, devait se ressentir du goût de son époque, où les mœurs ne favorisaient point encore l'étude du corps humain, science devenue aujourd'hui indispensable au peintre. Ainsi le style de ce chef de l'école romaine est-il un peu rude et sec, comme celui de tous les peintres de son temps. On peut lui reprocher aussi une trop grande uniformité dans ses tableaux. Mais à côté de ces défauts, que de précieuses et d'admirables beautés dans ses types de la Vierge, dans ses têtes de jeunes gens et de femmes, où, par la grâce des mouvements et l'éclat de la couleur, il se montre si supérieur à tous ses contemporains! « Ces fonds d'azur, dit Lanzi, qui font si bien ressortir les figures, ce rosé, ce verdâtre, ce violet qu'il sait fondre

(1) Rio.

(2) Suivant une autre version, peu probable, Pérugin serait mort de douleur par suite du vol de sa cassette.

si parfaitement ensemble ; ces paysages d'une si admirable perspective et dont on n'avait pas encore vu d'exemple à Florence ; ces édifices si bien conçus, si bien posés, offrent autant de détails charmants qu'on voit toujours avec plaisir. »

L'école chrétienne du Pérugin, perpétuée par Pinturicchio et Raphaël, glorieuse trinité qui n'a jamais été et ne sera jamais surpassée, recueillit la plus pure fleur de l'école de Sienne et de Florence, transplantée et soigneusement cultivée sur les montagnes de l'Ombrie, près du tombeau de saint François d'Assise. A Crémone, Boccacio-Boccarini fut le digne représentant du Pérugin, tandis que l'étroite amitié de cet artiste avec André Verocchio et Lorénzo di Credi, le maître et le condisciple de Léonard de Vinci, assurait à ses doctrines une influence légitime sur la magnifique et si chrétienne école de Lombardie. Mais ce fut surtout à Bologne, comme on va le voir, que l'école ombrienne trouva une sympathie dont les suites furent les plus heureuses pour l'art (1).

Francia.

(Ecole de Bologne.)

1450—1535.

L'école bolonaise, illustrée par le Dominiquin et les Carraches, est chère à d'autres titres aux amis de la peinture chrétienne. L'école ombrienne dont nous parlions tout à l'heure avait trouvé à Bologne une sympathie très-vive. A cette cité revient la gloire d'avoir produit une école religieuse qui fleurit durant les quatorzième et quinzième siècles et ne s'éteignit que

(1) M. de Montalembert.

dans la ruine générale de l'art chrétien au seizième siècle. Plus distinguée peut-être encore que celle de Florence par sa piété traditionnelle, elle a été illustrée par plusieurs artistes dont la mémoire méritait d'être plus soigneusement conservée. Tels furent Vitale et Lorenzo, unis l'un à l'autre par une pieuse fraternité de pinceau. Vitale ne put jamais se résoudre à peindre une *Crucifixion*, disant que c'était une tâche trop douloureuse pour son cœur. Jacopo Avanzi, son disciple, dont on voit encore d'admirables fresques à Saint-Antoine de Padoue, fut longtemps retenu par le même scrupule, ne voulant peindre que des images de la sainte Vierge, et laissant à son ami et condisciple Simon le soin de peindre des crucifix, ce qui valut à ce dernier le nom de Simon des *Crucifix*. Lippo Dalmasio, à l'exemple d'Avanci, ne voulait peindre que des images de la sainte Vierge à cause de la dévotion toute particulière qu'il avait pour elle ; et telle était à ses yeux l'importance de ce travail, qu'il n'y mettait jamais la main sans s'y être préparé la veille par un jeûne austère, et le jour même par la communion, afin d'épurer ainsi son imagination et de sanctifier son pinceau..... Parmi ces gloires primitives de l'école bolonaise, comment oublier Catherine Vigri, née à Ferrare en 1413, et qui fut abbesse des Clarisses à Bologne, où elle mourut en 1453 (1). Au milieu des vertus héroïques et des actions miraculeuses qui l'ont fait canoniser, elle cultivait avec ardeur la musique et la peinture. On conserve deux de ces tableaux, qui tous deux représentent sainte Ursule et ses compagnes, l'un à l'académie de Venise, l'autre à la pinacothèque de Bologne.

(1) Elle a été canonisée en 1722, sous le nom de sainte Catherine de Bologne. Sa fête se célèbre le 9 mars.

Mais l'astre rayonnant de l'école chrétienne de Bologne est Francisco Francia. Il naquit dans cette ville vers le milieu du quinzième siècle. Dans sa jeunesse il était orfèvre et graveur. « Contemporain et émule du Pérugin, dit M. de Montalembert, il a puisé aux mêmes sources, et mérite de prendre place avec lui, Fra Angelico, Lorenzo di Credi et quelques autres, dans ce cercle de peintres d'élite, où doivent se concentrer les admirations du chrétien. Il n'est guère connu, même de nom, en France. Notre fameux musée du Louvre ne possède pas un seul tableau de lui, quoique tous ceux d'Allemagne aient pu facilement s'en pourvoir.... Francia a atteint, pour le type de la Madone, une perfection sans rivale : la tendre dévotion qu'il lui portait pouvait seule lui révéler ces secrets célestes. Sa modestie égalait sa piété ; il signait toujours ses tableaux *Francia Clurifex*, se croyant indigne du nom de peintre. »

Francia ne s'était fait connaître que par la beauté de ses nielles et de ses médailles, genre de mérite qui lui avait déjà valu les bonnes grâces des Bentivoglio et du pape Jules II, à l'époque où les premiers tableaux du Pérugin arrivèrent à Bologne. Après avoir préludé par quelques essais à des travaux plus importants, il produisit enfin en 1470, à l'âge de quarante ans, son premier tableau, qui fut regardé comme un chef-d'œuvre. Chargé, immédiatement après, de peindre une Madone pour la chapelle de Jean Bentivoglio, dans l'église de Saint-Jacques, Francia surpassa tellement les espérances qu'il avait fait concevoir, que ses concitoyens, suivant l'expression de Vasari, commencèrent dès lors à le regarder comme un dieu et l'opposèrent fièrement aux chefs des écoles rivales. Dans les années qui suivirent, Francia agrandit de plus en plus son style ; son coloris acquit plus de charme et de vigueur, ses contours plus de rondeur et de plénitude. Ces conquêtes du travail, jointes à l'exquise pureté de ses types et à la céleste expression qu'il savait donner au regard de ses figures, lui concilièrent à tel point l'admiration des Bolonais et même des étrangers, que bientôt il put à peine suffire à ses innombrables travaux. Les églises de Bologne et celles des pays voisins se parèrent à l'envi des œuvres de Francia. À Ferrare, on voit encore le magnifique tableau qu'il fit pour la cathédrale ; et Lucques compte avec raison parmi ses plus précieux trésors d'art ceux dont la gratifia le pinceau de Francia, et qui se trouvent répartis entre le palais ducal et la basilique de Saint-Frediano.

En visitant la pinacothèque de Bologne et trois de ses églises, on peut goûter dans toute sa plénitude la jouissance que doit procurer la contemplation de ces merveilles. A la pinacothèque, on contemple une *Madone avec saint François, saint Augustin, saint Sébastien, sainte Monique, et un ange jouant de la mandoline*, chef-d'œuvre de l'école et de l'art, une *Annonciation avec saint Jérôme et saint Jean-Baptiste ;* une *Madone entre saint Georges, saint Augustin et saint Etienne*, une *Nativité*, et enfin *Marie et Joseph en adoration devant l'enfant Jésus*, et *Saint Augustin entre le sang de Jésus et le lait de Marie*, tableau ravissant qui, comme poésie pastorale, égale et peut-être surpasse tout ce que les peintres les plus gracieux ont produit de plus célèbre en ce genre. A l'Annonciade, à Saint-Martin et à Saint-Jacques-le-Majeur de Bologne, on trouve quelques-unes des productions de Francia. On admire surtout à Saint-Jacques les fresques de l'*Histoire de Ste Cécile*, peintes par lui et ses élèves ; et dans la chapelle Bentivoglio de cette même église, une *Madone avec saint Jean*, *saint Sébastien*, et un *saint évêque*. Les palais de Borghèse et Sciazza de Rome possèdent encore de bons ouvrages de Francia. Cependant les véritables chefs-d'œuvre de ce grand peintre ne sont pas tous à Bologne, ni même en Italie. A Vienne, dans la galerie impériale, on voit une *Madone sur un trône entre saint François et sainte Catherine*, délicieux chef-d'œuvre de poésie chrétienne. A la galerie de Munich, *Marie s'agenouillant devant l'enfant Jésus dans un jardin de roses*, représente un type de la Vierge que Francia n'a jamais fait si beau. Enfin la galerie de Berlin a le bonheur de posséder plusieurs beaux ouvrages du peintre bolonais, parmi lesquels une *Madone entourée de chérubins et tenant l'Enfant Jésus qui bénit plusieurs saints en adoration devant lui*, est sans contredit une des plus inappréciables merveilles de l'art chrétien.

Francia se lia avec le jeune Raphaël pendant que celui-ci était dans toute la pureté de sa première manière. C'était une nouvelle preuve de sa sympathie naturelle pour l'école ombrienne. Le peintre d'Urbin, de son côté, aimait et estimait Francia ; il entretenait avec lui une correspondance où l'on voit qu'il le comparait au Pérugin, à Jean Bellin et aux meilleurs peintres du temps. Il loue particulièrement les Madones de l'artiste bolonais, disant qu'il n'en connaît point *de plus belles, de plus dévotes*. Dans une lettre du 5 septembre 1508, Raphaël remercie Francia de lui avoir envoyé son portrait et s'excuse de n'avoir pas eu le temps de terminer le sien. Quand il expédia à Bologne son tableau de *Sainte Cécile*, il pria son vieux ami d'y faire des corrections s'il y trouvait des défauts. Mais c'est une calomnie étrange de prétendre, comme l'a fait Vasari, que Francia mourut de chagrin en se voyant éclipsé par la *Sainte Cécile* de Raphaël. La *Sainte Cécile* est de 1514, et Francia, après un grand nombre de travaux postérieurs, mourut seulement en 1533, jouissant jusqu'à la fin de cette sérénité d'âme qui respire dans toutes ses œuvres et ne fut certainement jamais troublée par l'ignoble passion que lui impute Vasari.

Francia eut un grand nombre d'élèves. Des documents très-authentiques trouvés dans les cartons de Francia portent ce nombre à 220. On doit distinguer parmi eux son fils, Giacomo et Amico Aspertini, qui restèrent fidèles à la bonne voie dans laquelle leur pieux maître avait su acquérir une gloire si pure.

Léonard de Vinci.

(Ecole florentine.)

1452 — 1519.

Léonard de Vinci, l'un des plus illustres peintres de l'école florentine, naquit en 1452, au château de Vinci, près de Florence. La nature s'était montrée envers lui prodigue de ses dons. Beau, bien fait, doué d'une force corporelle extraordinaire, le jeune Léonard joignait à ces avantages physiques des dispositions singulières pour les sciences et les arts. Non content d'exceller dans l'escrime, l'équitation, la musique, etc., il avait acquis, dès sa première jeunesse, des connaissances assez avancées en mathématique, en physique, en philosophie et dans toutes les branches de la littérature. Son goût prédominant pour la peinture ne l'empêcha pas de cultiver avec fruit ses autres talents. Adonné aux diverses études qui peuvent occuper le génie de l'homme, il aurait voulu les embrasser toutes et les mener de front. Son père, notaire de la seigneurie de Florence, s'efforça de favoriser ses heureuses dispositions, en le plaçant de bonne heure dans l'atelier d'André Verrachio, dont le nom, comme peintre et sculpteur, jouissait alors d'une grande renommée.

Léonard eut pour compagnon à l'école de Verrachio le Pérugin, depuis maître de Raphaël. Sans renoncer à d'autres genres d'études, il s'appliqua principalement à la peinture et fit dans cet art les plus rapides progrès. Chargé par son maître de peindre la figure accessoire d'un ange dans un grand tableau du *Baptême de Notre-Seigneur*, il s'en acquitta si habilement que son travail éclipsa tout le reste de la composition. Verrachio, désespéré de se voir vaincu par un enfant, renonça dès lors, dit-on, à la peinture.

Léonard, sorti de l'atelier de Verrachio, se mit à étudier la nature en poussant ses observations jusqu'aux recherches les plus minutieuses. Souvent, dit-on, il réunissait chez lui des paysans et des hommes du peuple, s'attablait avec eux, leur faisait les contes les plus bouffons pour les amener à une folle gaieté ; alors il étudiait le jeu des physionomies, et, se retirant à l'écart, il dessinait celles qui l'avaient le plus frappé. On l'a vu suivre des condamnés jusqu'au lieu du supplice, épiant sur leur face les angoisses de leur rapide agonie. La rencontre d'un homme à tête bizarre ou expressive était une fortune qu'il s'empressait de mettre à profit. Sa mémoire le servait d'ailleurs merveilleusement ; rentré chez lui, il dessinait tout ce qu'il avait vu, comme si on eût posé en sa présence.

Recherché par la plus brillante société de Florence à cause de ses agréments extérieurs, le beau Léonard, grâce à divers travaux, voyait sa réputation comme peintre, sculpteur, mécanicien, ingénieur et architecte s'accroître chaque jour et lui attirer des sommes considérables. Sa maison, montée comme celle des plus hauts seigneurs, était remplie de pages et de valets. Les chevaux les plus beaux, les plus fringants, garnissaient ses écuries. C'était l'homme à la mode. On le consultait pour les ordonnances des fêtes, en même temps qu'on prenait ses conseils pour toutes les œuvres d'art et de science.

Précédé d'une immense renommée, Léonard se rendit à Milan (1489) pour y fondre une statue équestre que Ludovic Sforce (1) voulait élever à son père, le duc François. Ce prince, charmé de ses talents et de ses qualités brillantes, devint son bienfaiteur. Il le nomma directeur de l'académie de peinture et d'architecture qu'il venait de fonder. Léonard justifia ce titre par une foule d'ouvrages. Chaque jour, il enrichissait les arts et les sciences de quelque invention nouvelle. A l'occasion des noces de Jean-Galéaz Sforce, il avait construit une machine de théâtre merveilleuse, figurant un ciel brillant d'étoiles, où les planètes, roulant dans leur orbite, venaient l'une après l'autre, sous la forme des dieux de la fable, chanter l'épithalame de la mariée. Pour charmer les loisirs de Ludovic, il avait façonné une lyre d'argent, représentant à peu près le crâne d'un cheval, et dont il savait tirer les sons les plus harmonieux. Il demeura vainqueur dans un concours pour lequel les plus célèbres musiciens de l'Italie avaient été rassemblés; ravi de plus en plus des talents de Léonard, le duc de Milan s'efforçait par tous les moyens de le retenir à sa cour. Dans ce but, il le chargea de la direction de tous les travaux qu'il faisait exécuter dans ses Etats. Comme ingénieur et architecte,

(1) Ludovic Sforce ne succéda qu'en 1494 à son neveu Jean-Galéaz-Marie Sforce, duc de Milan; mais, s'étant rendu maître des affaires, il ne laissait au jeune duc que son titre, et il exerçait dès lors tous les droits de la souveraineté.

Léonard triompha de difficultés que l'on croyait insurmontables, en parvenant à établir la jonction du canal de Martesana avec celui du Tessin.

Pendant son séjour à Milan, Vinci composa, pour le réfectoire des Dominicains, la sublime fresque de la *Sainte-Cène*, regardée comme son chef-d'œuvre. Après avoir donné aux têtes d'apôtres toute la noblesse et la majesté d'expression que son génie put lui suggérer, ne trouvant plus rien d'assez beau, d'assez supérieur au caractère des autres têtes pour représenter dignement le Fils de Dieu, il s'arrêta sans terminer son œuvre; la tête du Christ resta donc ébauchée. L'ouvrage de Léonard inspira la plus vive admiration aux Milanais. Aujourd'hui encore, bien que cette fresque soit à demi effacée, le voyageur qui traverse Milan court à *Santa-Maria-delle-Grazie* contempler cette merveille, regardée comme l'un des plus précieux trésors de l'opulente cité.

La prise de Milan par les Français et la fuite des Sforce (1499), fut une époque mémorable pour Léonard, ami et protégé du prince Ludovic; un instant il put craindre de partager le sort de son maître, que le vainqueur envoyait prisonnier à la tour de Loches. Mais ce vainqueur était Louis XII; qu'avait à craindre l'artiste?.... Cherchant à s'attirer les bonnes grâces du prince par quelque prodige capable de le frapper d'admiration, il fabriqua un lion automate qui s'avança gravement vers le roi dans la grande salle du palais, puis, se levant sur ses pattes de derrière, laissa voir dans son ventre, au grand ébahissement des spectateurs, un large écusson aux armes de France. Ce singulier genre de compliment plut beaucoup à Louis XII et à toute sa cour; Léonard en fut généreusement récompensé. De quelque faveur néanmoins qu'il jouît à Milan, sous la domination française, il n'y goûtait plus le calme d'esprit qu'exige la profession des arts. Les chances inégales de la guerre le forcèrent plus d'une fois de quitter cette ville ; il revint enfin à Florence, où il signala son retour par les productions les plus remarquables. Tel fut son carton représentant la Vierge, sainte Anne et le Christ, qui, exposé pendant deux jours, excita l'admiration de tous les peintres et du peuple florentin. Il fit ensuite sa fameuse *Joconde* (*Lisa del Jocondo*), que François Ier lui paya quatre mille écus d'or (1). La perfection de ces ouvrages accrut tellement la renommée de Vinci, que le sénat de Florence le chargea de peindre, de concert avec Michel-Ange, la salle du Conseil.

Cette rivalité donna naissance à ces deux grands cartons dont il est tant parlé dans l'histoire de la peinture. Tandis que celui de Michel-Ange représentait une épisode du siége de Pise par les Florentins, celui de Vinci avait pour sujet la défaite de Nicolas Piccinino, l'un des plus grands généraux de l'Italie. Le suffrage des artistes demeura suspendu entre deux chefs-d'œuvre. Combien doit-on regretter de ne pouvoir apprécier le mérite de ces deux célèbres cartons, aujourd'hui perdus. Au dire des historiens, on admirait principalement dans celui de Léonard un groupe d'hommes à pied et à cheval, qui, dans les attitudes les plus hardies, se disputaient avec rage la possession d'un drapeau déchiré. Cependant Vinci, qui voyait, non sans inquiétude, croître auprès de lui un concurrent redoutable, prit le parti de quitter Florence. Il suivit à Rome Julien de Médicis, mandé dans cette capitale pour assister à l'exaltation de son frère le pape Léon X.

Accueilli d'abord avec faveur par ce grand pontife, qui lui commanda un tableau, Léonard demeura quelques années à Rome. Mais humilié de la froideur que semblait

(1) Somme dont la valeur dépasserait aujourd'hui 45,000 francs.

lui témoigner Léon X dans les derniers temps, alors que Michel-Ange, son rival, jouissait d'un haut crédit, il se dégoûta du séjour de la ville éternelle. Les invasions françaises ayant détruit sa fortune, il se décida, après plus d'un voyage à Florence, à Parme ou à Milan, à écouter les propositions de François Ier. Ce monarque, digne protecteur des sciences et des arts, le pressait vivement de venir à sa cour. Vers la fin de 1515, Léonard partit pour la France, où le roi le reçut avec de grands témoignages de joie et d'affection. Un logement lui fut assigné au château d'Amboise, et François Ier, qui se rappelait peut-être avoir admiré en Italie les travaux hydrauliques de Léonard pour joindre le canal de Martasane à celui du Tessin, lui ordonna de diriger par Romorantin un canal destiné à répandre le commerce et l'industrie dans la Sologne.

Mais l'expatriation et les chagrins avaient hâté la vieillesse de Vinci; ce n'était plus ce beau Léonard, si élégant dans sa tenue, d'une propreté si recherchée, d'une politesse si exquise. Depuis sa lutte avec Michel-Ange, il laissait croître sa barbe, dit-on, et ne prenait plus aucun soin de ses vêtements et de sa personne. Il languit ainsi jusqu'à la fin de l'automne 1518; sentant sa fin prochaine, il s'y prépara avec une parfaite résignation. Léonard avait toujours été très-religieux : il reçut les sacrements de l'Eglise avec une grande dévotion, s'étant fait descendre de son lit au moment de la communion, parce que, disait-il, il ne devait recevoir son Dieu qu'à genoux. François Ier, qui l'aimait beaucoup, se rendit avec quelques courtisans dans la chambre de l'illustre malade. « Cet homme célèbre, aussi recommandable par ses vertus que par ses talents, dit un historien, fut tellement touché de la bonté du monarque, que, se soulevant avec peine pour lui témoigner son respect, il retomba mourant entre les bras du prince (1). » Peu d'instants après, Léonard rendit doucement et sans douleur son dernier soupir (2 mai 1519) (2). Il fut inhumé avec de grands honneurs dans l'église de Saint-Florentin à Amboise.

Ainsi mourut à 67 ans, universellement regretté, cet artiste dont on a dit que son aptitude à toutes les sciences et à tous les arts lui avait été donnée par la nature pour montrer jusqu'où peut s'étendre la puissance du génie de l'homme. Personne, en effet, dans les arts, n'eut un génie plus universel que Vinci. Comme statuaire, il a laissé un admirable modèle de *Jésus-Christ dans sa jeunesse*. La statue équestre et colossale du duc de Milan lui avait fait une immense réputation. On lui attribue, en outre, un *Saint-Jérôme* en haut relief, qui existe encore à Florence, et le dessin modèle de trois statues qui décorent le portail du baptistère dans la cathédrale. Le succès inespéré et presque miraculeux avec lequel il opéra la jonction du canal de Martesana à celui du Tessin, son plan d'un canal de navigation de Florence à Pise, et une foule d'autres ouvrages ou projets dont les ingénieurs admirent encore aujourd'hui les vastes combinaisons, attestent sa supériorité dans la théorie et dans la pratique des sciences physiques et mathématiques. Il fut l'inventeur de plusieurs instruments dont nos tourneurs font un fréquent usage. Il excellait tellement dans l'architecture militaire, que le duc de Milan l'attacha à son service en qualité d'architecte et d'ingénieur en chef

(1) Landon, *Vie des peintres*.

(2) On a révoqué en doute ce trait de François Ier recueillant le dernier soupir de Léonard de Vinci. Mais la tradition est ici trop honorable à un roi de France et à un grand artiste pour qu'on ne l'admette point, lorsque d'ailleurs elle ne choque aucune vraisemblance. Ce touchant sujet a inspiré au peintre Ménageot un grand tableau d'histoire qui obtint un brillant succès en son temps.

avec mission de visiter les places de son Etat. On sait avec quelle ardeur il se livra à l'étude de l'anatomie, et quels progrès il fit faire à cette science. Ses dessins anatomiques de corps humains ou de chevaux sont encore consultés avec fruit par nos meilleurs peintres. Ses écrits, réunis en corps d'ouvrage sous le titre de *Traité de la peinture*, dénotent non-seulement un observateur profond de tous les secrets de son art, mais encore un artiste plus avancé en physique et en géométrie qu'aucun des savants de son siècle. Enfin Léonard, peintre, sculpteur, architecte, ingénieur, physicien, anatomiste, mécanicien, chimiste, était en outre excellent poète et musicien. Divers écrivains parlent de ses vers avec un pompeux éloge, et n'hésitent pas à le compter au nombre des restaurateurs de la poésie italienne.

Les tableaux de Léonard de Vinci sont assez rares. Ce maître attachait trop de prix au fini de ses ouvrages, pour se piquer d'une grande fécondité. Il dessinait facilement, mais il travaillait ensuite ses ouvrages avec un tel soin, une telle minutie de détails, que sa touche finissait par en avoir une sorte de sécheresse. Il passa trois mois, dit-on, à faire son fameux portrait de Lisa de Joconde, et pour maintenir un sourire continuel sur les lèvres de cette belle dame, il l'avait entourée de bouffons et de musiciens, qui, durant les longues séances, n'interrompaient jamais leurs facéties et leurs joyeux airs. Quelques-uns des tableaux de Léonard sont perdus, détruits ; d'autres ont été gâtés par des retouches grossières. On n'a guère conservé dans leur entier qu'une vingtaine de tableaux de cet illustre maître de l'école florentine. Sur ce nombre, le musée du Louvre possède huit tableaux ou portraits, entre autres, la *Vierge aux rochers*, le portrait de *Charles VIII* et le célèbre portrait de *Lisa del Giocondo*.

Léonard de Vinci, le plus fameux coloriste de l'école florentine, peut être regardé comme le premier des peintres modernes qui, ayant eu le sentiment du beau, ait su en fixer les principes.... On a dit qu'il partageait avec Raphaël l'honneur d'avoir créé les plus belles têtes de Vierges ; cet éloge ne semble point exagéré. Il s'était fait un beau idéal dans la nature, qui n'était point de l'antique, mais n'en avait pas moins de pureté. Si Raphaël, que personne n'a jamais égalé dans l'art de la composition l'a surpassé depuis, Vinci peut au moins, sous quelques rapports, lui être comparé sans désavantage, et son nom mérite de figurer avec honneur à côté de ce prince de la peinture, dans la glorieuse phalange des peintres chrétiens.

Frère Barthélemi de Saint-Marc.

(Ecole florentine.)

1469—1517.

L'ordre illustre de Saint-Dominique a la gloire de compter plus d'un grand artiste dans son sein (1). Nous avons déjà parlé du plus célèbre d'entre eux, Jean Angélique de Fiésole, surnommé *il Beato*. Voici maintenant un de ses frères du cloître qui habita comme lui le couvent de Saint-Marc de Florence, et qui est bien digne de figurer avec lui aux premiers rangs de cette auguste milice de moines sur le front desquels brille la double auréole du talent et de la sainteté.

(1) On peut s'en convaincre en parcourant l'intéressant ouvrage du P. Vincent Marchese publié récemment sous ce titre : *Mémoires historiques sur les plus célèbres peintres et sculpteurs de l'ordre de Saint-Dominique* (Florence, 2 vol. in-8°). Cet ouvrage, écrit en italien, attend une bonne traduction.

Baccio della Porta, plus connu sous le nom de *Fra Bartolomeo di San Marco* ou *del Frate*, naquit en 1469 au bourg de Savignano, près de Prato en Toscane. Il vint fort jeune à Florence, chez des parents demeurant à la porte Saint-Pierre Gattolino, d'où lui vint le nom de *Baccio della Porta*. Il eut pour maître dans l'art de la peinture Colino Roselli, célèbre par les fresques de la chapelle Sixtine et plus encore par sa belle fresque de Saint-Ambroise à Florence, représentant la translation d'un calice miraculeux au palais épiscopal. A l'école de ce maître, il fit de grands progrès; s'étant lié avec Mariotto Albertinelli, son condisciple, il exécuta avec lui beaucoup de petits tableaux très-achevés pour des tabernacles et des oratoires particuliers. L'étude des ouvrages de Léonard de Vinci, à laquelle il se livra *avec grand amour*, dit son biographe, accrut ses progrès dans le coloris et dans le dessin : ils furent si rapides, qu'il éclipsa bientôt la plupart des peintres contemporains.

Baccio della Porta n'avait pas encore vingt ans quand déjà il édifiait les Florentins par sa piété et son assiduité aux sermons du fameux Savonarole. C'était le temps, en effet, où ce célèbre dominicain prêchait à Florence, aux acclamations du peuple, une sorte de croisade contre l'invasion du paganisme dans la société et surtout dans l'art. Les nobles efforts de Savonarole inspiraient à la jeunesse un pur enthousiasme; il exerçait une influence toute puissante sur les savants, les guerriers, les plus grands artistes de son siècle. Parmi ces derniers, figurait au premier rang Baccio della Porta. Nul plus que lui ne se montra partisan dévoué de l'éloquent orateur. Durant huit années, il fut son disciple assidu; nul artiste n'entrait plus complétement que lui dans ses vues sur la réforme de la peinture. « Il y eut alors, dit un écrivain, un temps d'arrêt dans la carrière de Baccio della Porta, et il fut si complètement absorbé par son enthousiasme pour Savonarole, qu'il ne put même pas achever la peinture à fresque du jugement dernier qu'il avait commencée dans l'hospice de *Santa Maria Nuova*. Un seul ouvrage sortit de son pinceau pendant cette longue période d'exaltation presque fébrile, et cet ouvrage, qui jaillit de son imagination comme une strophe dithyrambique, fut le portrait même du moine dont la parole était toute-puissante sur lui. Il le représenta dans son costume et dans son attitude de prédicateur, tonnant du haut de la chaire et levant le doigt prophétiquement vers le ciel avec un regard menaçant et inspiré, dans lequel il n'y avait rien qui sentît la pythonisse, rien qui compromît la dignité. C'était un tribut offert par une admiration profondément sentie. L'artiste y avait mis toute son âme, tout son cœur et toute sa verve ; et parmi ses contemporains, ceux qui étaient dignes d'apprécier cette belle improvisation de son pinceau, durent trouver qu'il y avait là de quoi réparer plusieurs années d'inaction (1). »

On connaît la catastrophe qui termina l'histoire de Savonarole (2). Or, le jour où ses ennemis vinrent assiéger l'église de Saint-Marc en demandant avec des cris de rage la mort de l'éloquent dominicain, Baccio della Porta était dans le couvent parmi les cinq cents citoyens venus du dehors pour prêter main-forte contre les agresseurs ; vainement essaya-t-il de défendre son ami. Son découragement fut extrême quand il vit ce mouvement extraordinaire se terminer par le supplice ignominieux de Savonarole : ni l'art ni la gloire n'ayant plus désormais de charme pour lui, il alla enfouir son imagination flétrie par la douleur dans un couvent de Prato, où il prit

(1) Rio, *De la Poésie chrétienne*.

(2) Savonarole périt sur le bûcher, à Florence, le 23 mai 1498.

l'habit religieux (1500) : c'est pour cette raison qu'il est plus connu dans l'histoire sous le nom de *Fra Bartolomeo* ou *Frère Barthélemi de Saint-Marc*.

Uniquement occupé des exercices de la vie contemplative, il demeura quatre années sans vouloir toucher ses pinceaux. Il avait dit un éternel adieu à l'art et au monde. Mais bientôt après, étant passé dans le couvent de Saint-Marc à Florence, il ne put résister aux prières des moines et aux instances de ses nombreux admirateurs. Il se décida à reprendre son pinceau, mais pour le consacrer exclusivement à des sujets religieux. Comme Jean de Fiésole, Lorenzo di Credi et quelques autres peintres de l'école mystique, Fra Bartolomeo eut la gloire de ne jamais vouloir traiter des sujets profanes. Il peignit d'abord, dans une chapelle de son couvent, *saint Bernard en extase devant la sainte Vierge*, sujet merveilleusement adapté à ses habitudes pieuses, et plus propre qu'aucun autre à le réconcilier avec son art. Immédiatement après, il fit une *Madone* et ensuite quelques autres tableaux pour le cardinal Jean de Médicis, depuis Léon X.

Raphaël étant venu à Florence vers cette époque, une liaison intime se forma tout aussitôt entre ces deux grands peintres, et fut comme une ère nouvelle pour le talent de Fra Bartolomeo. Les deux amis firent un noble échange de leurs connaissances : tandis que Raphaël prenait des leçons de coloris et de l'art de draper du peintre dominicain, celui-ci apprit de Raphaël à donner à ses productions la grâce et la suavité qui leur avaient manqué jusqu'alors. Ses types de Vierges n'avaient guère de majesté divine que dans leur attitude. La sévérité dans le choix des sujets et le relief des formes au moyen du clair-obscur, voilà ce qui constituait le mérite spécial de Barthélemi de Saint-Marc. « Pour être parfait, ou du moins très-voisin de la perfection, il fallait, comme dit

M. Rio, qu'il apprît à donner plus de suavité à ses contours, et à ses têtes de Vierges un peu de cette expression céleste qui fait qu'on leur adresse instinctivement la salutation angélique. Ce service important lui fut rendu par Raphaël, et pendant les neuf années qu'il vécut encore après le départ de ce dernier pour Rome, l'empreinte de ce beau génie ne fut jamais effacée de son imagination, pas plus que le souvenir de son amitié ne fut effacé de son cœur. »

Fra Bartolomeo exécuta vers le même temps deux grandes compositions pour le couvent de Saint-Marc. L'une d'elles, transportée depuis dans le palais Pitti, *la Vierge sur un trône avec plusieurs saints*, commande l'attention des spectateurs par son caractère grandiose, plus encore que par la grandeur inusitée de ses dimensions. L'imagination gracieuse de Raphaël lui-même en a été subjuguée, et il en a transporté quelque chose dans son fameux tableau de la *Vierge au Baldaquin*.

Fra Bartolomeo fit un voyage à Rome, pour y voir les merveilles que Raphaël et Michel-Ange exécutaient dans le Vatican. Il en prit occasion de payer aussi son tribut à la ville éternelle, en peignant, avec ce goût de dessin sévère et grandiose qui convient à ce genre de tableaux, les deux figures colossales de *saint Pierre* et de *saint Paul* qui ornent encore aujourd'hui le palais Quirinal.

De retour à Florence, Barthélemi de Saint-Marc eut à réfuter deux accusations qui lui furent intentées par ses envieux. On lui reprochait le soin qu'il avait de cacher sous de larges draperies son impuissance à peindre le nu et en même temps son incapacité à dessiner en grand.... Sur l'un et sur l'autre de ces deux points, sa réfutation fut également victorieuse.

« Il est facile de voir, dit M. Rio, qu'il y avait un

piége dans ce double défi, et que par un appât astucieusement offert à son amour-propre, on voulait faire sortir l'artiste chrétien du cercle de représentations pieuses dans lequel il s'était scrupuleusement renfermé ; mais il sut venger son art sans violer la décence qu'il s'était imposée : et au lieu d'une Danaé ou d'une Vénus, il produisit un *Saint Sébastien*, qui ferma la bouche aux critiques les plus exigeants en matière de science anatomique. Quant à la seconde accusation, il la pulvérisa par la production de l'évangéliste *Saint Marc*, œuvre gigantesque qui dénote une rare énergie de conception, et que l'on prendrait volontiers, non pas pour une grande statue changée en peinture, comme on l'a dit niaisement, mais plutôt pour un Daniel, ou un Isaïe, ou quelque autre prophète de l'Ancien Testament (1). »

Parmi les autres ouvrages de Fra Bartolomeo, signalons la collection de ses dessins originaux dans la galerie du grand-duc de Toscane, la Madone qui ornait la galerie du cardinal Fesch à Rome, et celle qui fait encore aujourd'hui le principal ornement de la cathédrale de Lucques. L'église de Saint-Romain à Lucques possède de ce maître deux tableaux dignes de notre admiration : 1° *Sainte Madeleine et sainte Catherine de Sienne aux pieds de Notre-Seigneur crucifié;* 2° *la Madone de la Miséricorde*, *prenant sous sa protection le peuple de Lucques.*

Notre musée du Louvre possède deux tableaux de Fra Bartolomeo : 1° *la Salutation angélique*, composition brillante et pleine d'originalité, où la Vierge assise sur un trône reçoit les hommages de plusieurs

(1) Ce grand tableau, qu'on a vu au musée du Louvre, se trouve dans le palais-Pitti, à Florence.

saints ou saintes (1) au moment même où l'ange Gabriel lui apparaît dans les airs ; 2° *le Mariage mystique de sainte Catherine de Sienne*, auquel préside la Vierge également assise sur un trône, accompagnée de saint Pierre, de saint Barthélemi et de saint Vincent.

On peut considérer Fra Bartholomeo comme le créateur de la belle manière de draper. Personne avant lui ne sut jeter les draperies avec autant de vérité, mieux accuser le nu sans sécheresse, et donner aux plis autant de souplesse et d'abandon. Son style a de la sévérité et de l'élévation, sans manquer cependant de grâce. Son coloris a beaucoup de force et d'éclat ; il le cède à peine aux meilleurs coloristes de l'école lombarde. Aussi laborieux que désintéressé, à l'exemple de son illustre confrère Jean de Fiésole, il abandonnait le fruit de ses travaux aux pauvres et à son couvent. Par un excès d'humilité, ce pieux artiste ne voulut point être ordonné prêtre, et il se contenta de demeurer diacre. La musique, qu'il aimait vivement, semble avoir répandu un charme inespéré sur les dernières années de sa vie. Le pieux artiste se préparait à la mort en consacrant son pinceau à des œuvres saintes, lorsqu'il fut chargé d'exécuter pour la salle du Conseil, dans le palais vieux de Florence, un grand tableau où seraient représentés tous les saints protecteurs de cette ville. « Mais, dit M. Rio, par une fatalité qui avait déjà frappé Michel-Ange et Léonard de Vinci, il n'eut que le temps d'exécuter le dessin en clair-obscur qu'on voit dans la galerie du grand-duc, et qui, indépendamment de son excellence comme œuvre d'art, nous intéresse encore comme la dernière pensée d'un des

(1) Saint Jean-Baptiste, sainte Madeleine, saint François, saint Jérôme, saint Paul, sainte Marguerite.

plus grands artistes de l'école florentine, comme la pensée qui résumait peut-être à sa dernière heure ses affections religieuses et patriotiques, et qu'il commençait à formuler comme une prière pour sa patrie, en laissant à d'autres cœurs le soin de l'achever. »

Fra Bartolomeo mourut l'an 1517, à l'âge de quarante-huit ans, avec la réputation d'un fervent religieux et celle d'un éminent artiste. Il est, sans contredit, avec Léonard de Vinci, le plus fameux coloriste de l'école florentine.

Hemmeling.

(Ecole flamande.)

1366—1450.

C'était vers la fin du quinzième siècle. Un jour, un pauvre soldat malade entra pour se faire soigner à l'hospice Saint-Jean de Bruges. Il s'y trouva si bien qu'après même sa guérison il y prolongea encore son séjour. En reconnaissaance des bons soins qu'on lui avait prodigués dans cet asile, il lui consacra pendant plusieurs années le talent de peinture dont il était doué. Il orna donc le charitable hospice de divers tableaux. Or ces tableaux sont de merveilleux chefs-d'œuvre : ce soldat peintre est lui-même l'un des premiers et des plus grands maîtres de l'école flamande.

C'est, en effet, Jean Hemmeling ou Memmeling. Il naquit à Damme, petite ville près de Bruges, vers le milieu du quinzième siècle. On ne connaît pas son maître ; mais quel que soit celui dont il ait reçu les premières leçons, il faut bien admettre, comme on l'a dit du bienheureux Angélique de Fiésole, que Dieu seul a pu inspirer un génie comme le sien. Il s'enrôla comme soldat. On dit que l'inconduite l'avait réduit à la misère. Quoi qu'il en soit, il vint chercher un asile à l'hôpital Saint-Jean de Bruges, où il ouvrit les yeux sur ses déréglements et mena dès lors une vie toute nouvelle. Ici commence, à proprement parler, son histoire.

Hemmeling, dans les loisirs de sa convalescence, peignit quelques petits tableaux pour se récréer et se procurer un peu d'argent. Bientôt un talent supérieur se révéla en lui. Un grand artiste venait de surgir à Bruges. Les Frères de l'hôpital, émerveillés de la beauté de ses ouvrages, publièrent la découverte qu'ils venaient de faire. On obtint son congé. Hemmeling, se consacrant tout entier à son art, en fit d'abord hommage au pieux asile où il avait trouvé la double guérison de son corps et de son âme.

Il peignit alors, sur les panneaux du reliquaire de sainte Ursule, la belle légende de cette sainte et des onze mille vierges ses compagnes. On se ferait difficilement une idée de la piété et du ravissement qui sont semés sur les nombreuses figures de cet ouvrage. Le fini de ces miniatures est précieux. L'art chrétien apparaît ici dans toute l'austérité de sa beauté morale et dans sa plus suave pureté. C'est sans contredit le plus merveilleux objet d'art que Bruges possède. L'un des côtés principaux de la châsse, façonnée en forme d'hôtel-de-ville gothique, représente le départ des onze mille vierges pour l'Armorique, où vont les entraîner les vaisseaux de l'empereur Maxime. La belle et vertueuse fille du roi de Cornouailles est à leur tête. A droite, l'on remarque l'intérieur d'une église où l'on administre les sacrements. L'embarquement des saintes martyres occupe le plan principal. L'autre côté de la châsse représente leur arrivée à Cologne par le Rhin, sur lequel les a poussées un vent contraire (1), et le martyre

(1) D'après la légende, les vaisseaux ayant fait voile vers l'Armo-

des pieuses filles devenues la proie des barbares qui les attendaient sur le rivage. Entassées dans les galères, où les soldats viennent les saisir, elles sont toutes peintes dans l'attitude de la prière, et l'expression de leur figure rappelle celles dont les peintres de l'école mystique d'Italie ont empreint leurs plus suaves productions.

Hemmeling composa, en 1479, pour l'hôpital de Saint-Jean de Bruges, une *Nativité de Jésus-Christ*, tableau à deux volets qui est encore un délicieux chef-d'œuvre. Il a peint au milieu *la naissance de N.-S. et les bergers en adoration* dans l'étable de Bethléem, figurée par un bâtiment tout ruiné dont les fentes laissent entrevoir des montagnes et des lointains à perte de vue. A travers une fenêtre, on découvre la figure du peintre avec sa robe de malade. Sur l'un des volets, sont des *anges adorant l'enfant Jésus dans sa crèche;* sur l'autre, c'est sa *Présentation au temple.*

Hemmeling, s'étant fixé à Bruges après l'achèvement de cet ouvrage, y continua ses travaux, et fut dès lors regardé comme le plus habile artiste de son siècle. La vieille cité flamande s'enrichit de ses chefs-d'œuvre. Comment appeler d'un autre nom ce tableau de l'hôpital Saint-Jean, représentant la *Vierge avec l'Enfant Jésus, sainte Catherine, sainte Barbe, saint Jean-Baptiste, saint Jean l'Evangéliste, et des anges jouant de divers instruments* (1).

Dans une salle de l'hôpital Saint-Julien de Bruges, on voyait un grand tableau de Hemmeling : *Saint Christophe portant l'Enfant Jésus en passant une rivière.*

rique, que Maxime voulait repeupler, furent poussés par un vent contraire jusqu'à l'embouchure du Rhin, d'où ils remontèrent vers Cologne.

(1) Sur l'un des volets est le *Martyre de saint Jean-Baptiste*, sur l'autre *Saint Jean l'Evangéliste écrivant l'Apocalypse dans l'île de Pathmos.*

Sur les deux volets étaient les portraits de quelques Frères hospitaliers. L'église de Saint-Sauveur de la même ville possède un autre bon tableau de Hemmeling, représentant le *Martyre de Saint-Hippolyte*. Enfin à l'académie de Bruges on voit un admirable *Baptême de Jésus-Christ*, dans lequel ce maître a apporté un soin tout spécial et beaucoup d'étude. « De même qu'à certain prophète, dit un écrivain, la voix du Seigneur ne parvint point à Hemmeling au milieu des orages, des bouleversements de la terre et des éclairs : un doux murmure la lui annonça. Une tranquillité sereine, une aménité et une grâce invisibles règnent dans ses ouvrages; par elle, l'innocence des anges semble atteindre à ce qu'il y a de plus sublime ; aussi un sujet tel que le *Baptême du Christ*, où le Seigneur paraît lui-même un instant recevoir la vie éternelle, lui convenait parfaitement, et c'est pour ce motif que Hemmeling, animé du désir de dominer entièrement la matière, s'est élevé ici au-dessus des limites de son beau talent. Ce tableau me paraît être le sublime de l'art du maître. Il y a dans les traits du Sauveur une expression indicible d'humilité, mais d'une humilité qui possède la conscience de toute la plénitude de son origine (1). »

Le nom de Hemmeling, le plus suave, le plus gra-

(1) Lochel, *Lettres sur la Belgique*. — Le docteur Escallier, de Douai, possédait un magnifique tableau, justement attribué à Hemmeling, et dont il a réuni les fragments dispersés par les dévastations de 93. Ce tableau diptyque, qui ornait le maître-autel de l'église de l'abbaye d'Anchin, a six pieds et demi de haut et onze pieds et demi de large, ce qui donne, pour les deux faces, vingt-deux pieds de peinture exécutée avec la magnificence de coloris et la perfection de travail qu'on ne retrouve que dans la châsse de sainte Ursule et les diptyques de l'hôpital Saint-Jean à Bruges. Devant un pareil monument de l'art, on comprend à peine qu'un homme ait réuni une puissance de génie assez grande, une science assez multiple et une ferveur de patience assez infatigable, pour concevoir, exécuter et mener à fin,

cieux et le plus mystique de tous les peintres de l'école flamande, ne pouvait manquer d'être très-populaire à Venise, à cause des incomparables miniatures qui ornaient le fameux bréviaire du cardinal Grimani, et qui passaient même en Italie pour une des plus grandes merveilles de l'art. Ce bréviaire *unique*, parfaitement conservé à Venise, sous sa riche reliure d'or et de pierres précieuses, offre dans sa merveilleuse collection de miniatures des traces du pinceau d'Hemmeling de Bruges, de Gérard de Gand, et de Livien d'Anvers. Ces grands artistes y consacrèrent plusieurs années. Mais, comme dit M. Rio, « la main du premier se reconnaît facilement dans tous les morceaux qu'on peut à juste titre appeler des chefs-d'œuvre, dont la beauté des types, le fini de l'exécution, l'harmonie et le charme des coloris, la fraîcheur des paysages, le choix des costumes et des formes, rappellent tant de magnifiques compositions du même auteur, dispersées dans les galeries d'Allemagne et dans les principales villes de la Belgique. » Elles sont donc évidemment l'œuvre de Hemmeling, les miniatures qui représentent les douze mois de l'année avec les occupations particulières à chaque saison, peintures si remarquables pour la poésie et la vérité de ses détails. D'autres productions non moins exquises du même pinceau étaient conservées à Venise chez Pierre Bembo, dans le palais Pasqualin, et surtout dans la galerie de ce même cardinal Grimani, la plus riche de toutes ces peintures des écoles de Flandre ou d'Allemagne.... Mais c'est encore à Bruges, la noble cité flamande, qu'il faut venir admi-

avec une telle perfection, une œuvre aussi considérable. Le docteur a légué son magnifique tableau à l'église de Saint-Jacques, à Douai. Voy. *Hist. de l'abbaye d'Anchin, par E. A. Escallier*, p. 244. — *Lille*, 1852.

rer le génie de Hemmeling. C'est devant la châsse de sainte Ursule et les autres peintures de l'hôpital Saint-Jean qu'on doit aller apprécier le talent du plus religieux artiste de l'école flamande. Celui qui écrit ces lignes n'oubliera pas l'heure trop courte qu'il lui a été donné de passer devant le précieux reliquaire de l'héroïque sainte, heureux d'avoir pu contempler ces merveilleux produits de l'art chrétien dans une noble cité qui, les tenant pour sacrés, a toujours su les préférer aux plus riches trésors (1).

L'histoire ne nous a transmis aucun détail sur la mort de Hemmeling, ni sur le lieu de sa sépulture.

Raphaël.

(École romaine.)

1483—1520.

Voici enfin Raphaël Sanzio, le fondateur de l'école

(1) Le reliquaire de *sainte Ursule*, conservé précieusement dans une armoire, n'est ouvert et montré qu'à certains jours, entre autres pendant l'octave de la fête de la sainte. Plusieurs fois, on a offert à l'hôpital une châsse de même grandeur, en argent, en échange de ce reliquaire. L'hôpital a constamment refusé.

Hemmeling avait un meilleur goût de dessin que les peintres de son temps. Il groupait ses figures avec plus d'ordre, disposait mieux ses sujets. Il y a une dégradation plus sensible dans ses couleurs. On voit qu'il savait très-bien les règles de l'architecture aussi bien que de la perspective. Il a égalé les frères Van Eyck, et dans quelques parties même, il les a surpassés. On s'étonne que ses tableaux soient à *l'eau d'œuf*, genre qu'il conserva toujours, par une sorte de préjugé sans doute, car il ne pouvait ignorer le secret de la peinture à l'huile, découvert à Bruges même, depuis plus d'un demi-siècle. Rien n'est plus beau, du reste, ni plus frais que ce qui nous reste de Hemmeling. Il est peu de tableaux à *l'eau d'œuf* mieux conservés que ceux de la châsse de sainte Ursule, et ce sont autant de monuments précieux de la manière dont on peignait alors dans ce genre.

romaine, le plus grand des peintres. Il naquit le Vendredi-saint de l'année 1483, à Urbin, petite ville entre Pesaro et Pérouse, dans les Etats de l'Eglise. Son père, Jean Sanzio, peintre médiocre, mais homme de sens et de jugement, l'ayant fait d'abord travailler avec lui, ne tarda pas à reconnaître que l'enfant était déjà trop habile pour rester son écolier. Il vint donc à Pérouse, vers 1500, gagna l'amitié du Pérugin, alors à l'apogée de sa gloire, et obtint, comme une très-grande faveur, qu'il admettrait Raphaël au nombre de ses disciples. Ainsi placé à la source des inspirations qui étaient le plus en harmonie avec la tendance naturelle de son talent, le jeune homme s'identifia tellement avec la manière de son maître, que les ouvrages de l'un ne se distinguaient point de ceux de l'autre. A dix-sept ou dix-huit ans, il composa plusieurs tableaux où, disciple docile, il sembla marcher scrupuleusement sur les traces de son maître; tel est le *Crucifiement* qui décorait la galerie du cardinal Fesch à Rome, et que l'œil le plus exercé pourrait prendre au premier abord pour une œuvre du Pérugin.

Raphaël avait à peine vingt-un ans quand il termina ce fameux *Sposalizio* (mariage de la Vierge), qui marque un de ses pas dans la peinture. Dans cette représentation d'un sujet particulièrement approprié à une imagination pure et poétique, telle qu'était alors la sienne, l'âme tendre, généreuse, pleine de grâce du jeune artiste commence à se faire jour à travers le respect profond qu'il professait encore pour les préceptes de son maître. Que de poésie pieuse dans le cortége de saint Joseph et de la sainte Vierge! « Plus on examine cette œuvre à la fois sublime et naïve, dit M. Rio, plus on sent qu'il a voulu, par les airs de tête, par les attitudes, par le choix si bien entendu des costumes et par tous les autres détails accessoires, entourer ses deux principaux personnages de tout ce qui peut donner l'idée d'une pureté céleste (1).

Raphaël, laissant inachevées les belles fresques de la cathédrale de Sienne, qu'il peignit avec Pinturichio, autre élève du Pérugin, partit l'année suivante pour Florence. Le naturalisme y régnait encore dans tout l'orgueil du triomphe obtenu sur Savonarole et ses partisans. Mais loin que le séjour de cette ville devînt contagieux au jeune artiste, il choisit ses amis dans le parti vaincu, et le plus intime de tous fut le peintre dominicain *Barthélemi de Saint-Marc,* le plus ardent disciple du moine réformateur. Les deux artistes, comme on l'a déjà vu ailleurs (voyez Barthélemi de Saint-Marc), firent ensemble un échange de talents. Raphaël apprit de Fra Bartolomeo à donner plus de vigueur à ses teintes, plus de largeur à sa manière; celui-ci dut aux leçons de Raphaël, avec la grâce et la suavité, la pratique de la perspective.

Raphaël séjourna trois années à Florence, s'éloignant quelquefois de cette cité pour aller revoir sa ville natale et l'atelier de son vieux maître. Comme il n'en repartait jamais sans avoir exécuté quelque ouvrage, il avait occasion de renouer le fil des traditions ombriennes, qui auraient pu se perdre pour lui au milieu de tant d'inspirations étrangères.

Cet intervalle de trois années (de 1505 à 1508) étant, à un certain point de vue, l'époque la plus intéressante de la carrière de Raphaël, nous devons signaler les chefs-d'œuvre qui sortirent alors de son pinceau. Le premier en date, après le *Sposalizio*, est la sublime *Incoronazione* (couronnement de la Vierge), qui orne la galerie du Vatican, et qui est encore en

(1) Ce tableau est au musée de Brera, à Milan.

quelque sorte une *imitation* du Pérugin. Il faut admirer ensuite, dans la même galerie, le *Presepe della Spineta*, que l'on croit être le fruit du travail réuni du Pérugin, de Pinturichio et de Raphaël. Vers la même époque, Raphaël, occupé de plusieurs grands ouvrages à Pérouse, entre autres de sa fameuse fresque du couvent de Saint-Sévère, peignit en outre, pour le duc d'Urbin, le *Saint Michel combattant des monstres*, et le *Saint Georges à cheval*, aujourd'hui au musée du Louvre. Le jeune artiste, vers le même temps, ornait une chapelle de Saint-Bernardin de Pérouse, d'une admirable *Déposition de Croix*, dont s'est enrichi le palais Borghèse. C'est ici encore, à bien des égards, le style ombrien dans toute sa pureté traditionnelle. Ajoutons enfin trois petites figures en grisaille, représentant *la Foi*, *l'Espérance et la Charité*, aujourd'hui dans la galerie du Vatican, où leurs dimensions presque imperceptibles ne les empêchent pas d'être remarquées par les amis de l'art chrétien. Rien de plus parfait peut-être n'est jamais sorti de la main de Raphaël.

L'enthousiasme chaque jour croissant pour les œuvres du grand artiste accroissait à son tour la fécondité de son pinceau. Dans la courte période de deux années (de 1506 à 1508), Raphaël multiplia et varia les représentations de la Vierge, avec un succès dont il n'y avait jamais eu d'exemple, et auquel ne doit pas rester étrangère la dévotion qu'il avait conservée pour Marie depuis son enfance. Il est plusieurs de ses tableaux dont les amis de l'art regretteront éternellement la perte. Mais ils ont, pour se consoler, une douzaine de chefs-d'œuvre bien authentiques, maintenant dispersés d'un bout à l'autre de l'Europe. Empruntons encore les paroles de M. Rio, pour décrire quelques-uns de ces merveilleux produits de l'art chrétien.

« La Vierge du duc d'Albe (1) est une composition très-sérieuse, dont la caractère dominant décèle les inspirations immédiates de l'école ombrienne, qui savait si bien faire valoir les tristes pressentiments de l'âme. Cet Enfant Jésus qui passe le bras gauche autour du cou de sa mère, et saisit de la main droite la croix de roseaux que lui présente à genoux le petit saint Jean, offre dans une scène en apparence enfantine l'image de la grande épreuve qui attend l'Homme-Dieu sur la montagne des Oliviers. L'imagination saisit à l'instant même le contraste entre la douceur des caresses maternelles et l'ignominie du Calvaire; et l'on peut dire que nul tableau n'est plus propre à exalter les âmes pieuses qui veulent méditer sur les mystères de la Passion.

» La Vierge connue sous le nom de la *Belle Jardinière* forme une des principales décorations du musée de Paris; c'est une œuvre qui respire l'innocence, la simplicité et le bonheur. Si l'autre peut se comparer à une élégie, celle-ci a tout le charme et toute la fraîcheur d'une idylle. Aucune teinte de mélancolie n'est répandue sur le paysage ni sur les physionomies. Voilà ce qui constitue la variété : ce qui constitue le progrès, c'est le ton de couleur, et l'amélioration du type de la Vierge, dans lequel on peut déjà reconnaître un pas immense fait par l'artiste vers le but idéal auquel il est pressé d'atteindre.

» La Vierge du palais Tempi, qui a passé de Florence dans la galerie du roi de Bavière, a cela de remarquable, qu'elle présente un style de dessin plus hardi : on voit que l'artiste commence à s'aventurer dans les tours de force. La situation de l'Enfant Jésus, que sa mère presse ten-

(1) Naguère à Londres, dans la galerie de M. Coswelt, aujourd'hui en Russie.

drement contre son cœur, offre déjà quelques difficultés à vaincre, et le raccourci peu correct de la main sur laquelle il repose annonce assez l'incertitude d'un premier essai. Du reste, rien ne manque à ce tableau sous le rapport de la grâce et de la poésie.

» La Vierge de Canigioni (1) est une composition plus complexe : on y voit la Madone avec l'Enfant Jésus qui caresse le petit saint Jean tenu par sainte Elisabeth ; en même temps celle-ci lève les yeux vers saint Joseph qui la regarde en appuyant les deux mains sur son bâton. Dans cette délicieuse scène de famille, tous les personnages sont mis en rapport les uns avec les autres de la manière la plus propre à intéresser et attendrir le spectateur, et les moindres détails accessoires sont en parfaite harmonie avec le but que l'artiste s'est évidemment proposé.

» Dans la tribune de Florence (2), où l'on s'est plu à placer en regard les uns des autres les plus grandes merveilles de l'art, il y a deux *Saintes-Familles* de Raphaël, devant lesquelles les admirateurs de ce qu'on est convenu d'appeler sa première manière éprouvent une sorte d'extase qui leur fait oublier tous les autres chefs-d'œuvre dont ils sont entourés. Il arrive rarement que l'admiration soit également partagée entre ces deux ouvrages. Celui qui est connu sous le nom de la *Vierge au chardonneret* finit par exercer un tel empire sur l'imagination, et même sur les sens du spectateur, qu'il lui est impossible d'en détacher les yeux. Même après avoir vu la *Belle Jardinière*, à Paris, il se sent comme transporté dans un monde nouveau, et cette image le poursuit longtemps, comme un écho de poésie céleste qui fait encore tressaillir son âme. On peut affirmer

(1) Dans la galerie de Munich.

(2) A la galerie *degli Uffizi.*

hardiment que l'art chrétien proprement dit ne s'est jamais élevé plus haut (1). »

Mentionnons encore la Vierge du palais Colonna (2), et la Madone de Pescia, plus connue sous le nom de la *Vierge au baldaquin*, exécutée pour la plus belle église de Florence, celle du Saint-Esprit, chef-d'œuvre de l'architecte Brunelleschi (3). Il fallait, pour cette grande destination, une œuvre imposante et solennelle qui fût digne d'être l'objet d'une dévotion publique. Sous le rapport des dimensions, Raphaël n'avait encore rien entrepris de pareil. La Madone au baldaquin, imitation d'une composition de Fra Bartolomeo, dont l'influence est si manifeste, fut pour ainsi dire le premier pas de Raphaël dans la carrière nouvelle où il était sur le point de se lancer. Il la fit toujours cependant sous l'empire des inspirations pures de l'école ombrienne, qu'il savait bien alors allier avec le style large et grandiose du dessin et avec le progrès légitime des parties techniques et subalternes de l'art.

Raphaël, fortifié par l'étude des peintures de Masaccio et par les conseils de Fra Bartolomeo, se préparait à lutter à Florence avec le Vinci et Michel-Ange, lorsqu'il fut appelé à Rome par Bramante son parent (1508). Jules II occupait alors le trône pontifical : c'était un de ces hommes faits pour donner l'impulsion à tout un siècle. Une prodigieuse activité d'esprit, une pénétration singulière pour discerner le mérite, et puis de grandes pensées, un grand luxe de générosité, une volonté tenace et impérieuse qui ployait toutes les résistances, telles étaient les qualités distinctives de ce pontife.

(1) Rio, *De la Poésie chrétienne.*

(2) Ce tableau est aujourd'hui possédé par le roi de Prusse.

(3) *La Madone au baldaquin* est aujourd'hui au musée Pitti, à Florence.

Jules II reçut avec faveur le jeune parent de son architecte, et lui ordonna de peindre sans délai la salle du Vatican dite *della Segnatura*. Sur cettte surface assez étendue, il avait à représenter quatre grandes compositions, embrassant les principales divisions de l'encyclopédie du temps, savoir : la théologie, la philosophie, la poésie et la jurisprudence. Raphaël se mit à l'œuvre ; il composa la *Dispute du Saint-Sacrement*. Emerveillé de son talent, Jules II ordonna aussitôt d'effacer les peintures qu'il avait fait exécuter à grands frais dans les chambres du Vatican, et il abandonna cet immense palais au génie de Raphaël.

Le *Sposalizio* et la *Dispute du Saint-Sacrement* sont regardés par les vrais amis de l'art religieux comme les deux termes extrêmes du génie chrétien de Raphaël, et on peut le dire, comme les deux plus merveilleuses productions de la peinture. Raphaël peignit ensuite son célèbre tableau de l'*Ecole d'Athènes*, et successivement ces autres fresques des *Staure*, merveilleuse décoration du Vatican, et dont Paris a pu contempler naguère de belles copies exposées sous les voûtes du Panthéon (1). Pendant qu'il créait ses merveilles, la mort était venue frapper Jules II, son libéral protecteur ; mais son successeur, Léon X, héritier de son estime pour Raphaël, lui avait ordonné de continuer ses travaux du Vatican. Le jeune artiste, aidé de ses élèves les plus habiles, poursuivit son œuvre, qu'il mena à fin avec une étonnante rapidité. C'est donc là, dans le palais des Souverains-Pontifes, qu'on peut bien juger du génie de ce grand maître. Ces vastes salles, toutes peintes de sa

(1) Par MM. Paul et Raymond Balze. 1° La *Dispute du Saint-Sacrement*. 2° L'*Ecole d'Athènes*. 3° Le *Parnasse*. 4° Le *Miracle de Bolsène*. 5° L'*Incendie du bourg*. 6° *Saint Pierre aux liens*. 7° *Héliodore chassé du temple*. 8° *Attila repoussé par S. Léon*.

main, sans autre décors, sans ameublements, frappent d'étonnement et d'admiration. Là Raphaël est compris de tout le monde, de la foule comme des artistes.... Il y a tant de grâce dans son dessin, tant d'expression dans ses figures, ses têtes de femmes et d'enfants sont si pures et si belles, on trouve enfin dans ses compositions une simplicité si grandiose, que chacun se laisse aller à cette poésie d'une belle âme dont le tumulte des passions n'avait pu atteindre la candeur et la naïveté première. Au Vatican, tout est chef-d'œuvre : cette réunion de philosophes grecs qui argumentent entre eux, les muses, les poëtes, les docteurs de l'Eglise, l'Hostie éblouissante apparue à Bolsène pendant le sacrifice de la messe à un prêtre incrédule avec ses assistants surpris; et puis *Attila reculant devant le pape saint Léon;* cet *Incendie du bourg*, dont les figures sont si connues; *Saint Pierre délivré par l'ange*, *Héliodore chassé du temple*, en même temps que Jules II, porté par ses massiers, avec toute la pompe d'une cour moderne, y fait son entrée triomphale : toutes ces merveilles décorent dignement le palais des Souverains-Pontifes d'une religion protectrice des beaux-arts; aujourd'hui encore, malgré leur état de dégradation, elles sont les plus précieux trésors du Vatican, si riche de tant d'autres magnificences.

Raphaël vivait désormais comme un prince à la cour pontificale. Son cousin Bramante lui avait construit un splendide palais, où il pouvait briller de pair avec les Colonne, les Chigi et les plus hauts personnages de l'aristocratie romaine. Les peintres des autres nations, Albert Durer surtout, recherchaient avidement son commerce, et ils devenaient facilement ses amis, car personne n'eut jamais un abord plus accessible, une humeur moins jalouse. Aussi Raphaël était-il chéri des pontifes, des cardinaux, des artistes, de ses élèves surtout, dont il suivait les progrès avec une sollicitude toute paternelle. Ces élèves étaient Jules Romain, la Fattore, le Garofolo, Pierino del Vaga, Jean d'Udine qui peignait avec tant de goût les arabesques, tous jeunes gens pleins de zèle et d'ardeur, qui formaient autour de leur maître une cour assidue. Il y avait de la gaieté, du mouvement, de la vie, dans cette petite cour. Michel-Ange en enviait quelquefois l'union et les plaisirs, et son humeur bilieuse se répandait en sarcasmes : *Vous marchez suivi comme un prélat*, dit-il un jour à Raphaël qu'il rencontrait sur l'escalier du Vatican escorté de ses nombreux élèves. *Et vous, vous marchez tout seul comme le bourreau*, répliqua le peintre d'Urbin.

Raphaël, dans ses grandioses peintures du prophète Isaïe à l'église de Saint-Augustin, et des *Sybilles* et des *Prophéties*, dans celle de Sainte-Marie-de-la-Paix, semble avoir accepté le défi avec Michel-Ange en se mesurant sur le même terrain. Mais ce fut beaucoup moins pour être son imitateur que pour établir de la façon la plus évidente en quoi son talent différait de celui de son rival. En effet, ne dirait-on pas qu'il a pris à tâche de montrer, précisément dans les mêmes sujets, ce qui manque à Michel-Ange, c'est-à-dire la noblesse des formes, la dignité du caractère, la beauté des physionomies, la propriété du sujet? Au reste, les génies de ces deux grands hommes n'eurent rien de commun. Michel-Ange concentra toutes ses études dans celles du dessin, dont l'anatomie lui donna les leçons. Raphaël forma son talent de beaucoup plus d'éléments. Si Michel-Ange et le plus grand des dessinateurs, Raphaël est le premier des peintres. A chacun de ces illustres personnages laissons la gloire qui lui revient.

Héritier de Bramante dans la charge d'architecte du

Saint-Siége (1514), Raphaël fit construire la cour du Vatican, dite *la cour des Loges;* après en avoir garni le pourtour d'un triple rang de galeries, il entreprit de les décorer. La découverte récente des thermes de Titus avait révélé une foule d'ornements dits *arabesques*. Raphaël, épris d'une passion chaque jour croissante pour les arts retrouvés des anciens, employa avec bonheur ce genre de décoration. Dans son grand ouvrage des *Loges*, il retrouva le secret des stucs antiques, et avec le concours de son élève Jean d'Udine, qui excellait à peindre les fleurs, les fruits et les ornements de tout genre, il mena bientôt à sa perfection cette grande entreprise. Mais la merveille de cette galerie est la suite inestimable de tableaux à fresque répartis quatre à quatre dans les compartiments des petites voûtes de chaque travée, et qui comprennent en cinquante-deux sujets l'*Histoire de l'Ancien Testament*. Cette série de peintures, qu'on appelle justement la *Bible de Raphaël*, forme un de ces ensembles dont le discours doit abandonner la description à la gravure. C'est une sorte de traduction en figures de l'histoire de la Bible, chapitre par chapitre, depuis la création du monde jusqu'à l'avénement de Jésus-Christ. Quatre sujets du Nouveau Testament, la *Nativité*, l'*Adoration des bergers*, le *Baptême de Notre-Seigneur* et la *Cène*, terminent cette nombreuse série de compositions, l'une des œuvres les plus gracieuses du génie de Raphaël.

Dans notre impuissance à décrire toutes les productions de ce prince de la peinture, bornons-nous à rappeler encore quelques-uns de ses principaux chefs-d'œuvre. Pourrions-nous oublier le célèbre *Portement de croix*, où sont empreintes avec tant de vérité d'expression les souffrances de l'Homme-Dieu ? Singulière destinée que celle de ce tableau ! Le vaisseau qui devait le conduire à Palerme, au monastère de Monte-Oliveto, battu d'une violente tempête, vint échouer contre un écueil; tout périt, équipage et marchandises. Une sorte de miracle sauva le tableau : la caisse qui le renfermait, poussée par les flots sur la côte de Gênes, y fut repêchée et tirée à bord. On trouva la peinture intacte, comme si les vents et la mer avaient voulu respecter sa divine beauté. Instruits de cet événement, les moines de Monte-Oliveto réclamèrent le tableau naufragé. Il ne fallut rien moins que toute la protection de Léon X pour le faire rendre au couvent de Palerme, heureux encore d'en payer largement la restitution (1).

Le tableau de la *Madone de Foligno*, l'un des principaux ornements du musée du Vatican, est sans contredit un des meilleurs ouvrages de Raphaël. Citons encore le *Christ montrant la plaie de son côté*, qu'on admire à Brescia, chez le comte Tosi; le *Christ dans les cieux*, à Saint-Sévère de Pérouse; la *Déposition de croix*, du palais Sciarra; les portraits de *Maddalona*, *Doni* et de *Jules II*, à la tribune de Florence; la *Vision d'Ezéchiel* et la *Vierge à la chaise*, au palais Pitti; la *Vierge au poisson*; le célèbre tableau de *Sainte Cécile*, au musée de Bologne; et enfin le fameux tableau de la *Transfiguration du Christ*, que Raphaël peignit pour le cardinal Jules de Médicis, le dernier ouvrage de cet immortel et fécond génie.

(1) Le *Portement de Croix* de Raphaël, passé en Espagne, fut transporté en France en 1810. Il est depuis retourné en Espagne, avec plusieurs autres fruits de nos victoires dans la Péninsule. De ce nombre était la belle Sainte-Famille, dite la *Vierge à la perle*. Philippe IV, roi d'Espagne, l'avait acquise de la veuve de Charles Ier roi d'Angleterre, pour la somme de 3,000 livres sterling. A la vue de cet ouvrage de Raphaël, Philippe, dit-on, s'écria : « Celui-ci est ma perle. » De là le surnom qui a continué de le désigner.

Notre musée du Louvre, outre un *Saint Michel terrassant le démon*, un *Saint Georges*, les portraits de *Jeanne d'Aragon* et du *Comte de Castiglione*, a le bonheur de posséder trois *Saintes-Familles* de Raphaël. Nous avons déjà parlé de la *Belle Jardinière*. La seconde est la *Vierge aux linges*. L'enfant Jésus repose ; la Vierge soulève le voile dont il est couvert, pour le montrer à saint Jean. Quelle grâce, quelle douceur, quel bonheur dans ce regard maternel qui contemple doucement et en silence dans la crainte de réveiller l'Enfant-Dieu endormi !... Mais avec quel charme ne s'arrête-t-on pas encore devant cette autre *Sainte-Famille* qui représente l'*Enfant Jésus s'élançant de son berceau dans les bras de sa mère* (1) ? L'Enfant Dieu est adoré par saint Jean qui lui est présenté par sainte Elisabeth. Un ange répand des fleurs sur la Vierge Marie ; un autre se prosterne ; saint Joseph est absorbé dans la méditation. Tout dans cette scène si gracieuse ravit, enchante les regards.

On sait qu'on distingue trois périodes dans la manière de Raphaël : une première, qui va jusqu'en 1504, où il ne fait guère qu'imiter Perrugin, bien que souvent supérieur à son maître ; une deuxième, jusque vers 1514, où, devenant original, tout en restant fidèle aux traditions ombriennes, il multiplie ses sublimes chefs-d'œuvre : une troisième, jusqu'à sa mort. C'est cette dernière période de la vie de Raphaël que les amis ardents exclusifs de l'art chrétien appellent l'époque de sa *défection* ou de sa *chute*. Jusqu'alors, en effet, tous les ouvrages sortis de son pinceau avaient été marqués de cette empreinte mystique qui caractérise les produits de l'école ombrienne, et à laquelle il sut

(1) Raphaël peignit ce tableau pour François Ier, deux ans avant sa mort.

ajouter un charme indéfinissable. Mais cette empreinte a disparu dans le style qu'il adopta dans les dix dernières années de sa vie. Il y a ici solution de continuité, abjuration d'une foi antique en matière d'art, pour embrasser une foi nouvelle, celle du paganisme de la renaissance!... Déplorerons-nous aussi cette chute du génie chrétien?... Et pourtant que de chefs-d'œuvre n'offre point encore à notre admiration le pinceau de Raphaël!... Arrêtons-nous un instant sur cette magnifique suite de grandes compositions connues sous le nom de *Cartons* de Raphaël. Ces cartons, peints à *détrempe*, étaient destinés à servir de modèles aux riches tapisseries, tissues d'or et de soie, que Léon X voulut faire fabriquer en Flandre pour sa chapelle. Le grand artiste se livra à ce travail, dit-on, durant les deux dernières années de sa vie. Il était alors dans toute la force de l'âge et du talent. Aussi mit-il dans cette œuvre une grande richesse de conception, jointe à une grande élévation de pensée, de style et d'expression. Pour se former une juste idée de cette superbe série de compositions, il faut réunir dans sa pensée les sept cartons originaux qui ornent la galerie royale de Hamptoncourt en Angleterre, et la suite vraiment imposante des douze tapisseries qu'on voit à Rome. Le travail original des premiers fait concevoir ce qui peut manquer en hardiesse et en justesse de dessin aux copies; tandis que l'éclat des couleurs et de l'exécution de celles-ci complète, dans l'imagination, l'ensemble de tous les mérites et la valeur que devaient offrir les cartons dans leur nouveauté. *Le Massacre des Innocents*, *les Disciples d'Emmaüs*, *Jésus apparaissant à Madeleine*, *l'Adoration des Mages*, *la Descente du Saint-Esprit*, *la Pêche miraculeuse*, *Jésus-Christ donnant les clefs à saint Pierre*, *saint Paul aveuglant l'enchanteur Elymas*, *saint Pierre et saint*

Jean guérissant un boiteux dans le temple, *Ananie frappé de mort*, *saint Barnabé à Lystre*, *saint Paul prêchant dans Athènes* : tels sont les pieux sujets de ces riches tapisseries. Raphaël ne se montra pas moins admirable dans la décoration de la grande salle du Vatican, dite salle de *Constantin*, où il peignit quatre sujets relatifs à l'histoire du premier empereur chrétien. La Vision céleste de Constantin, la célèbre Bataille où il défit Maxence, le Baptême du grand monarque, et la Donation qu'il fit de Rome au Pape, forment cette magnifique décoration de la plus vaste des salles du Vatican. On admire surtout la Bataille de Constantin.... Bien qu'elle ait fourni, dans le siècle suivant, au peintre de Louis XIV, l'occasion de développer, avec un talent original, de nouvelles beautés dans ses batailles d'Alexandre, Le Brun n'a pu ni surpasser Raphaël en invention, ni empêcher la Bataille de Constantin de rester encore le type et le modèle de la peinture des batailles dans le genre héroïque.

Raphaël, grâce à son talent et à ses qualités aimables, avait acquis à Rome une de ces positions sociales qui font sortir l'homme du rang ordinaire et l'élèvent dans l'opinion au niveau des rangs les plus distingués. Il occupait à la cour une charge honorifique, et son existence semblait être celle d'un prince. Léon X, qui lui devait des sommes considérables, songeait, dit-on, à s'acquitter envers lui par un chapeau de cardinal ; et Raphaël lui-même, assure-t-on, ne refusa si longtemps d'épouser la nièce du cardinal Bibbienne que par ambition. Parvenu au comble de la gloire à trente-sept ans, il devait compter encore des jours nombreux et enrichir l'art de nombreux chefs-d'œuvre, lorsque la mort l'arrêta soudain au milieu de sa carrière. Ses travaux excessifs ont pu hâter sa fin : mais, disons-le à regret, des causes moins honorables ont aussi précipité le déclin d'une existence appelée encore à de si beaux destins. L'abus des plaisirs, sa passion pour la *Fornarina*, dont il s'était plu à placer le portrait dans la plupart des compositions de sa dernière époque, ont arrêté sa vie au milieu de son plus brillant essor !... Jeunes artistes, ce triste exemple pourrait-il être perdu pour vous ?...

Raphaël venait de terminer son fameux tableau de la *Transfiguration*, lorsqu'il fut atteint tout à coup du mal qui devait en peu de jours le conduire au tombeau. Dévoré par une fièvre ardente, et succombant à la suite d'une saignée qui acheva d'épuiser ses forces, il expira le jour du Vendredi-saint (7 avril 1520), jour aussi de sa naissance. Averti de sa fin prochaine, Raphaël s'y était préparé de la manière la plus édifiante. Après avoir partagé sa fortune entre Jules Romain, François Penni et son oncle, à Urbin, il avait chargé son exécuteur testamentaire d'une clause spéciale : c'était de prendre sur ses biens une somme suffisante pour restaurer et fonder dans l'église de Sainte-Marie de la Rotonde (le Panthéon) une chapelle à la sainte Vierge. Raphaël, le peintre de tant de ravissantes Madones, mourant dans les sentiments les plus chrétiens, le Vendredi-saint, au milieu de sa gloire, en invoquant le secours de la Vierge Marie, pour laquelle il avait professé toute sa vie une dévotion spéciale : quel spectacle à la fois triste, sublime et attendrissant !

Le corps de Raphaël fut exposé dans la salle même où il avait coutume de peindre. Le tableau de la *Transfiguration*, placé derrière sa tête, formait un digne ornement de ses funérailles, auxquelles tout ce qu'il y avait de grand et de distingué dans Rome se fit un devoir d'assister. Léon X, qui l'aimait comme un père, partagea le deuil général ; et fidèle au vœu du grand artiste, il fit déposer son corps dans l'église de Sainte-Marie de la Rotonde, où le cardinal Bembo écrivit son épitaphe.

Le Titien.

(Ecole vénitienne.)

1477 — 1576

Les trois dons qui constituent la perfection dans la peinture, semblent se répartir entre les trois grandes écoles d'Italie de la manière suivante : à l'école florentine, l'excellence du dessin, la science des contours et des formes; à l'école ombrienne, l'expression des pieux élans et des pures affections de l'âme; enfin à l'école vénitienne, la perfection des coloris. Cette distinction, trop absolue peut-être, est pleinement justifiée, quant à l'école vénitienne, par l'exemple du grand peintre coloriste dont nous allons esquisser l'histoire.

Tiziano Vecelli, dit le Titien, sans contredit le premier coloriste, naquit en 1477 à Pieve de Padore, d'une des plus anciennes familles de la république de Venise. D'abord élève de Sébastien Zuccato, bon ouvrier en mosaïque, puis de Gentil Bellini, il se rapprocha enfin de Giorgione, dont le dessin lui parut plus correct et qui se faisait remarquer par l'éclat de son coloris. Les savants pinceaux des deux artistes ayant été employés (1505) à décorer l'extérieur du nouveau *Fondaco de Tedeschi*, le Titien peignit sur l'un des côtés du bâtiment un *Triomphe de Judith*, qui en fut un véritable pour le peintre. Son grand et fameux tableau de l'*Assomption*, qu'il composa pour l'église des *Frari* à Venise (1), divers travaux à Vicence, à Padoue, et enfin l'achèvement

(1) Maintenant à l'accadémie des beaux-arts, à Venise.

des peintures que Jean Bellini avait entreprises dans la salle du grand-conseil à Venise, accrurent encore la renommée du Titien. Le sénat lui donna le titre de premier peintre de la république. Parmi les priviléges de cette charge, le plus honorable était de peindre chaque nouveau doge pour le prix convenu de *huit écus*.

La réputation du Titien se répandit bientôt dans le reste de l'Italie. Alphonse d'Este, duc de Ferrare, l'ayant mandé près de lui, l'employa à décorer son palais de Castello. C'est là qu'il peignit ces trop fameuses *Baccanales* proclamées par Augustin Carrache les premiers tableaux du monde. Mêlant le sacré à tant de sujets profanes, Titien peignit aussi vers cette époque son *Christ à la monnaie*, qui forme un des principaux ornements de la galerie de Dresde. Le Titien, pendant son séjour à Ferrare, se lia d'une étroite amitié avec le poëte l'Arioste. Ces deux génies, si bien faits pour se comprendre, se consultaient entre eux, dit-on, sur leurs ouvrages. Le Titien chanté dans le *Roland furieux*, l'Arioste peint par le Titien, offrent l'exemple touchant de deux amis se donnant l'un par l'autre l'immortalité.

François Ier, durant son séjour dans les Etats de la république de Venise, voulut avoir son portrait peint par le Titien. Mais ce monarque, ami des arts, ne put jamais réussir à l'attirer à sa cour. Le Titien préféra toujours le bonheur domestique aux promesses les plus brillantes de la fortune. Appelé à Rome par Léon X, il était cependant sur le point de se confier à l'hospitalité du généreux pontife, lorsque ses amis, jaloux de posséder un citoyen si illustre, le détournèrent de ce voyage, lui faisant ainsi perdre l'occasion la plus favorable pour agrandir son talent. Le Titien ne s'éloignait de Venise que pour visiter ses parents et revoir les lieux témoins de son enfance. Il continuait à peindre avec une ardeur singulière. On doit rapporter à cette époque plusieurs compositions sacrées dues au fécond pinceau de ce grand peintre, entre autres les *Pèlerins d'Emmaüs*, de la collection du Louvre, et le *Martyre de saint Pierre dominicain*, tableau plein de poésie, d'expression, de pathétique, qui a toujours été regardé comme l'ouvrage capital du Titien. Le sénat de Venise en avait, dit-on, défendu la sortie sous peine de mort; il ne fallut rien moins que l'épée d'un conquérant pour violer impunément un tel arrêt. Paris a donc pu contempler quelques années ce chef-d'œuvre, dont l'église Saint-Jean et Saint-Paul de Venise est en possession aujourd'hui.

Malgré ses nombreux travaux, la fortune avait jusqu'ici peu souri au Titien. Plus riche de renommée que de biens, il vivait d'une façon précaire, lorsqu'en 1529 la faveur d'un grand monarque lui ouvrit la porte des honneurs et des richesses. L'empereur Charles-Quint étant venu à Bologne pour s'y faire sacrer, le cardinal Hippolyte de Médicis lui vanta le talent du Titien. L'empereur l'appela aussitôt près le lui pour se faire peindre. Jamais, disent les historiens du temps, on ne vit de ressemblance plus frappante que celle du roi de toutes les Espagnes. Les passants, se croyant en présence de leur maître, rendaient à ce portrait les mêmes honneurs qu'à l'original. A l'exemple de l'empereur, princes, cardinaux, dames de la cour, hommes célèbres par leur rang et leur savoir, chacun voulut être peint par un aussi grand artiste. Charles-Quint, ravi de son talent, le traita dès lors avec magnificence. Pensions, dignités, honneurs, marques singulières d'estime devinrent le partage de l'heureux favori. En public, à la promenade, l'empereur, dit-on, cédait toujours la droite à son illustre protégé; et si les courtisans se permettaient quelque remarque: « Je puis bien créer un duc, répondit-il, mais il n'y a que Dieu qui puisse créer un autre Titien. — Vous méritez d'être servi par un empereur, » dit un jour ce maître du monde à l'artiste dont il s'empressait de ramasser le pinceau. De tels exemples ne sont point très-rares dans l'histoire des arts ; ils honorent à la fois les artistes et les têtes couronnées qui se grandissent encore en se courbant devant l'auréole du génie.

Le Titien revint à Venise, où il continua de peindre, augmentant chaque jour sa réputation. Le sénat lui donna une marque éclatante de son estime, en l'exceptant, par un privilége unique, d'un nouvel impôt levé indistinctement sur toutes les classes de citoyens. En 1545, cédant enfin aux sollicitations de Paul III, il se rendit à Rome, où il arriva comme en triomphe, escorté par les gens du duc d'Urbin, qui était accouru à sa rencontre. Le cardinal Farnèse lui avait préparé un logement dans le palais du Belvédère. Le Titien y fut reçu par Michel-Ange, qu'il avait tant désiré de connaître ; mais il ne trouva plus Raphaël, qui déjà ne vivait plus à Rome que par ses ouvrages. Le peintre de Venise ne séjourna qu'une année dans cette capitale, où il fit pour la seconde fois un admirable portrait de Paul III, aujourd'hui au musée de Naples, et peignit, pour le duc Octave Farnèse, une *Danaé*, regardée comme un chef-d'œuvre dans l'art du clair-obscur et dans l'entente parfaite des demi-tons. — En quittant Rome, le Titien prit la route de Florence pour y admirer la magnificence de Médicis. Mais n'ayant reçu du duc Cosme qu'un froid accueil, il se hâta d'arriver à Venise, où le rappelaient le vœu de ses amis et ses affections domestiques. Le Titien touchait à sa soixante-dixième année. Son grand âge devait lui rendre le repos nécessaire ; mais par un privilége rare parmi les hommes de génie, il n'avait presque rien perdu de la vigueur de sa jeunesse, et il avait conservé une fraîcheur d'imagination vraiment inconcevable. Dominé par l'amour du travail, il s'y livra donc avec une nouvelle ardeur, et l'on vit, non sans surprise, une foule de magnifiques ouvrages sortir de la main d'un vieillard.

Le Titien voua ses talents à Charles-Quint, qui l'avait déjà comblé de dons et d'honneurs. Ce prince semblait ne pouvoir plus se passer de lui ; il l'avait fait venir deux fois à Augsbourg (1548–1550), le rendez-vous de ce qu'il y avait alors de plus illustre en Europe. Il l'emmena ensuite à Inspruck, où le Titien ébaucha son fameux tableau de l'*Apothéose de Charles-Quint*. La sainte Trinité, escortée d'une troupe de Chérubins, apparaît dans les airs pour recevoir les hommages de la Vierge et des Saints. Elle recueille en même temps les prières des Anges qui lui présentent les membres de la famille impériale. — La beauté des formes, l'harmonie de couleurs, et les torrents de lumière qui jettent un si vif éclat sur cette belle composition, l'ont rendue justement célèbre. A son retour d'Allemagne, le Titien, par un honneur insigne réservé aux ambassadeurs, fut admis au sénat pour y rendre compte de son voyage. Venise, toujours émerveillée de son talent, le pria de concourir aux embellissements de la salle du grand-conseil ; mais le vieux artiste, surchargé de travaux, déclina cette charge et se fit remplacer par le Tintoret, par Paul Veronèse, et par son propre fils Horace, dont il avait surveillé l'éducation avec le plus grand soin. Pour lui, il ne songeait désormais qu'à mériter la faveur du nouveau chef de la monarchie espagnole.

Charles-Quint, abdiquant le pouvoir, s'était retiré dans le couvent de Saint-Just en Estramadure (1556). Philippe II, son fils, régnait sur l'Espagne. Le Titien, âgé de quatre-vingts ans, consacrait son pinceau, plein de vigueur et de fraîcheur encore, à multiplier les jouissances de l'esprit sombre et inquiet du nouveau monarque. Mais, quel que soit le talent qui brille dans ces productions séniles, n'est-ce point un triste spectacle que celui d'un artiste octogénaire consacrant ses dernières années à peindre successivement, pour l'amusement d'un roi, des sujets tels que *Diane et Actéon*, *Andromède et Persée*, *Médée et Jason*, *Pan et Syrinx*, *Vénus et Adonis*, espèces de poëmes plutôt que des tableaux ?.... Le Titien, mieux inspiré, ferma son imagination aux sujets profanes pour s'élever à la contemplation des plus grandes souffrances, quand, à la perte des chers objets de ses affections, vinrent se joindre de profonds chagrins domestiques qui empoisonnèrent ses derniers jours. Après avoir vu mourir tour à tour son vieil ami l'Arétin et son auguste bienfaiteur Charles-Quint, il eut encore à déplorer les écarts de son bien-aimé fils Pomponio, qui déshonorait son nom et le caractère sacerdotal dont il était revêtu. Le cœur du bon vieillard, peu habitué à de pareilles choses, se brisa, et éprouva pour la première fois le besoin de chercher quelques consolations dans le travail. Il peignit alors le *Martyre de saint Laurent*, que nous avons vu au Louvre, la *Flagellation de Jésus-Christ*, la *Madeleine*, dont on connaît plusieurs répétitions, et enfin cette fameuse *Cène* de l'Escurial, fruit de sept années d'études, et que le Titien déclarait lui-même son meilleur ouvrage. On le vit encore, presque nonagénaire, se charger de l'exécution de trois grands tableaux pour l'hôtel de ville de Brescia, et traiter divers autres sujets de l'Evangile pour les églises de Venise, entre autres la *Transfiguration de Notre-Seigneur* et *l'Annonciation de la sainte Vierge*, pour l'église de Saint-Sauveur.

Jamais artiste n'eut une vieillesse si vigoureuse, si féconde. Mais le Titien touchait enfin à cet âge regardé comme le dernier terme que l'homme puisse atteindre. Parvenu à sa quatre-vingt-dix-neuvième année, il travaillait encore, lorsqu'en 1556 une horrible peste vint désoler Venise; le Titien mourut victime de ce fléau. Sa mort fut un deuil public. Le sénat, dérogeant à un règlement sévère qui ordonnait la destruction des cadavres pestiférés, permit que les restes de ce grand peintre fussent déposés, avec de magnifiques honneurs funèbres, dans l'église des Frari. Cependant, au milieu des nombreux, élégants et splendides tombeaux qui décorent ce superbe temple de Sainte-Marie des Frari, on cherche vainement le monument du Titien, depuis longtemps proposé, toujours désiré, et dont Canova avait présenté le projet. Une inscription de deux lignes, sur le pavé, indique seule la place où repose la dépouille de ce grand artiste vénitien.

Quand on voit le Titien travailler pendant près d'un siècle, on s'étonne moins de la quantité des ouvrages qu'a laissés ce peintre, dont la fécondité ne fut pas moins prodigieuse que le génie. Le cabinet des estampes de notre Bibliothèque nationale possède huit cent cinquante gravures faites d'après le Titien. Mais il en existe beaucoup d'autres, et il est certain que beaucoup de ses ouvrages ont péri en Espagne, où se trouvent cependant encore les plus beaux. Les principales galeries de l'Europe sont ornées de ses productions. Notre musée du Louvre renferme plus de vingt tableaux du Titien. Ce sont le *Christ au roseau*, *saint Jérôme dans le désert*, *la Vierge au lapin blanc*, *Deux Anges en adoration devant l'Enfant Jésus*, *Sainte Agnès présentant à Jésus la palme de son martyre*, etc., et divers portraits, entre lesquels on distingue celui de François Ier. Parmi les élèves du Titien, Horace Vecelli, son fils, Paul Véronèse, le Tintoret, sont les plus célèbres. Ce grand peintre n'a été étranger à aucun genre ; son talent varié les embrassa tous, et il brilla tour à tour dans les sujets sacrés, profanes, mythologiques et champêtres. Jamais artiste n'a possédé à un si haut degré l'art du coloris et du clair-obscur. On regrette qu'il n'ait pas joint toujours à tant de brillantes qualités la correction et la pureté du dessin. Pour nous, regrettons plus encore qu'un peintre aussi habile, délaissant les pieuses traditions de l'école des Bellini, des Cima de Conegliano, des Carpaccio, ait si souvent sacrifié à l'art païen, et dégradé son génie en le consacrant à la glorification des sujets de la fable, ou de scènes de volupté, indignes du chaste pinceau d'un peintre chrétien....

Le Titien, comme Michel-Ange, Vinci, Raphaël, fut un de ces êtres privilégiés que la nature se plaît à combler de tous ses dons. Il cultivait les lettres et les sciences, et recherchait l'amitié des savants. Ami de l'Arioste, il fut aussi celui du trop célèbre Arétin, qui dans son enthousiasme lui donnait le titre d'*homme divin*. Mais hâtons-nous de dire que le grand peintre n'ouvrit jamais sa belle âme aux mauvais conseils d'un esprit aussi pervers. Le Titien était doué de toutes les qualités qui font l'homme d'honneur, l'homme de bien. Ami de la simplicité, il fuyait le séjour des cours, et préférait le bonheur domestique aux promesses les plus brillantes de la fortune.

Le Corrége.

(Ecole lombarde)

1494 — 1534

Antoine Allegri dit le Corrége, l'un des illustres chefs de l'école lombarde, naquit au sein d'une famille pauvre, à Correggio dans le Modénais, l'an 1494. On dit qu'il n'eut jamais de maître, ce qui n'est pas vraisemblable. On sait seulement qu'il travailla avec Antonio Begarelli, sculpteur habile de Modène. Quoi qu'il en soit, on n'a aucun renseignement précis sur les premières années et les études de cet artiste, dont les débuts furent des chefs-d'œuvre. Son talent se révéla, dit-on, à la vue d'un tableau de Raphaël. Dans son admiration, le jeune payan de Correggio s'écria : « Et moi aussi je suis peintre, *anch'io son pittore.* » On assure que le Corrége ne vit ni Rome ni Venise. Il eut cependant quelque connaissance de l'antique, et on le voit travailler sur des dessins de peintures qui sont restés dans les catacombes de Rome.

Le Corrége est aux grâces, dit un judicieux critique, ce que Michel-Ange est au terrible. Le caractère dominant de ce peintre est en effet la grâce et la suavité. Les Thébains avaient, dit-on, rendu une loi qui prescrivait aux peintres et aux statuaires, sous peine d'une amende assez forte, de donner à leur figure la plus grande beauté possible. A la vue des tableaux du Corrége, on croirait volontiers qu'il a constamment travaillé sous l'empire de cette loi. Rien de plus beau que ses figures de femmes, rien de plus séduisant de plus suave que ses têtes d'enfants. Mais, nous devons le dire à regret, cet artiste, qu'on cite vulgairement comme le peintre des formes angéliques, s'est détourné du vrai sentier par l'abus des talents, et il a entraîné à sa suite la dégradation de l'art. Ce n'est plus ici la peinture chrétienne des Francia, des Bellini, des Raphaël. Ces carnations brillantes de souplesse et de suavité, ces fraîches figures où tout est sacrifié au charme de la couleur, annoncent que l'art est tombé dans la sensualité mondaine et charnelle. Jamais peintre n'exprima mieux *les effets des corps*, mérite bien secondaire, dans lequel le Corrége est arrivé jusqu'au prodige. Sa couleur et son clair-obscur donnent à la nature un beau idéal qu'elle n'a jamais réellement. Ses figures de femmes, comme celles de l'Albane, rappellent les divinités païennes; ses figures d'enfants, qu'il excellait surtout à peindre, sont autant de portraits de l'amour profane : ce ne sont point les anges aux pudiques et célestes formes. Ah! nous admirons sans doute, nous aussi, le génie merveilleux de ce grand artiste; mais, en nous plaçant au point de vue chrétien, pourrions-nous ne pas déplorer la chute du peintre efféminé qui ne craignit pas de franchir toutes les bornes de la pudeur et de la morale, en retraçant d'un pinceau enchanteur tant de scènes de volupté, laissant ainsi aux siècles futurs un fatal exemple, trop séduisant pour ne pas trouver beaucoup d'imitateurs?

Le peintre des coupoles de Saint-Jean et du dôme de Parme a néanmoins acquis des droits à la gloire et à notre admiration. Le Corrége est le premier qui ait osé peindre des figures en l'air : jamais personne n'a mieux que lui entendu l'art des raccourcis et du clair-obscur. La coupole de Saint-Jean de Parme, représentant *l'Ascension de Jésus-Christ*, est un vrai prodige de l'art, surtout à une époque où Michel-Ange n'avait pas fait encore son *Jugement dernier*. Le plus remarquable ouvrage d'Allegri est la coupole de la cathédrale de Parme, où il a peint *l'Assomption de la sainte Vierge*. Ces deux immenses compositions, fruit d'un travail de dix années, font le plus grand honneur à l'artiste, et suffiraient seules à sa gloire. On doit citer encore, outre ces deux chefs-d'œuvre, sa belle fresque du couvent des Bénédictines de Parme; le beau *Saint Jérôme* qu'a possédé quelque temps le Louvre; *la Nativité du Christ*, *le Mariage de sainte Catherine* (1), un *Christ détaché de la croix*, et ce fameux tableau de la galerie de Dresde, appelé *la Nuit du Corrége*, dans lequel les maîtres de l'école flamande ont appris les effets de lumière qu'ils se sont plu à répéter tant de fois dans leurs œuvres.

Le Corrége, malgré ses nombreux travaux, ne fut jamais riche. Ce peintre, recevant pour son gigantesque travail de la coupole de Parme le prix qu'on accordait à Raphaël pour une seule figure de ses loges du Vatican et donnant son tableau du *Christ au jardin des Oliviers* en paiement d'une dette de quatre écus, offre un nouvel exemple de ces hommes qui ont expié le génie par la douleur et la gloire par la pauvreté. Il était de sa destinée, comme de celle de Raphaël, de ne pas fournir une longue carrière. Il vint un jour à Parme solliciter la fin d'un paiement; on lui donna, dit-on, une somme de deux cents francs en monnaie de cuivre. Allegri, impatient de porter cet argent à sa famille, se hâta de repartir à pied pour Correggio, par un soleil brûlant. Arrivé au milieu des siens, tout harassé de fatigue et de chaleur, il but imprudemment de l'eau fraîche et fut saisi peu après d'une fièvre aiguë qui termina ses jours (1534). Il était à peine âgé de quarante ans. Cet artiste, en qui la nature s'était plu à créer un talent si extraordinaire, était, dit-on, d'un caractère timide, modeste et mélancolique. Pour soutenir sa famille, il exerçait son art aux dépens de sa santé, au milieu de fatigues continuelles. Aucune difficulté ne put l'arrêter, comme le prouvent les nombreuses figures qu'il acheva dans les coupoles de Saint-Jean et du dôme de Parme. Jaloux d'imiter fidèlement la nature, ce peintre par excellence des enfants s'arrêtait dans les promenades

(1) Ce tableau est à la galerie du Louvre.

où il les voyait jouer; il s'attachait surtout à ceux de trois à six ans; il dessinait avec exactitude leurs formes arrondies; il étudiait leurs petits mouvements, leur joie, leur colère, leurs larmes, cette sorte d'ivresse à laquelle ils se livrent dans leurs jeux, l'innocence des uns, la malice des autres, enfin tout ce que cet âge charmant offre de touchant et de gracieux. C'est par ces études patientes que le Corrége atteignit dans ce genre de peintures une perfection à laquelle aucun autre n'est jamais parvenu. Ce peintre, qui porta plus loin qu'aucun autre artiste la magie du coloris, avait, comme tous les fameux coloristes, un attrait irrésistible pour la musique. Il avait reçu dans le cours de sa vie des impressions si vives et si délicieuses en ce genre, que pendant son dernier sommeil, immédiatement avant de mourir, il rêva qu'il avait retrouvé Palestrina dans le ciel et que cette rencontre avait été pour lui comme les prémices de la béatitude éternelle.

Jean Cousin.

(Ecole française.)

1500 — 1590

Il est temps de parler de la France. Vers la fin du quatorzième siècle (21 août 1391), Paris avait déjà vu s'établir dans son sein une académie de Saint-Luc. Quelques-unes de nos vieilles églises offrent encore des parties de murailles couvertes de compositions peintes en détrempe, représentant des paraboles de l'Evangile ou des emblèmes moraux. Mais les noms des auteurs de ces peintures, artistes médiocres dont les œuvres accusent une ignorance complète du dessin et du coloris, ne sont point parvenus jusqu'à nous ; à l'exception de Pinaigrier et de quelques autres, on ne connaît guère mieux le nom de ces anciens peintres verriers, dont les beaux vitraux font l'un des principaux ornements de nos vieilles cathédrales.

L'école française de peinture ne prend naissance, à vrai dire, qu'à Jean Cousin. Ce grand artiste, qui fut honoré de toute la confiance de François Ier, s'appliqua un des premiers à réveiller en France le goût des beaux-arts et mérita d'être surnommé le *Michel-Ange français.*

Jean Cousin naquit à Soucy, près de Sens, au commencement du seizième siècle (1). Il s'adonna d'abord à la peinture sur verre, genre alors très-cultivé, et s'y distingua par de merveilleux ouvrages. Plus tard, s'étant livré à la peinture à l'huile et à la sculpture, il excella également dans ces deux arts, travaillant alternativement à Sens et à Paris. On doit le regarder comme le fondateur et l'un des grands maîtres de l'école française. Le premier parmi nous, il s'est distingué dans la peinture d'histoire. Son dessein correct, savant, tenait beaucoup du goût des écoles florentine et romaine. Cependant Cousin ne vit point l'Italie ; il n'eut sous les yeux que le petit nombre de statues et des tableaux enlevés à grands frais à cette contrée par la munificence d'un monarque ami des arts, jaloux d'en orner les somptueuses galeries de Saint-Germain, de Fontainebleau et du Louvre.

Au milieu de ce monde d'artistes que les rois François Ier et Henri II avaient appelés à leur cour, parmi les Primatice, les Pierre Lescot, les Goujon, les Philibert Delorme, etc., Jean Cousin parut avec cet ascendant d'un génie créateur qui brise d'un

(1) En 1500, selon les uns ; en 1520, suivant d'autres.

seul coup toutes les entraves. Son *Jugement dernier*, l'un des premiers tableaux à l'huile qui aient été composés en France, excita une générale admiration que le suffrage des siècles a pleinement justifiée (1). Tout y est réuni, génie, dessin correct, science anatomique et attitudes variées. C'est un précieux morceau d'étude et d'académie, un dictionnaire, enfin, dans lequel les jeunes élèves peuvent puiser presque tout leur art. Ce tableau est en quelque sorte un prodige pour le temps où il fut créé.

Occupé le plus souvent à dessiner des vitraux ou à peindre lui-même sur verre, Jean Cousin a laissé peu de tableaux à l'huile. Mais son *Jugement universel*, son plus célèbre ouvrage, suffit à sa gloire. Les vitraux de Vincennes, ceux de l'église Saint-Gervais à Paris, attestent son talent dans ce genre de peinture. Il a laissé divers morceaux de sculpture très-estimés, entre autres le buste de François Ier et le *Tombeau de l'amiral Chabot*, qu'on voit au Louvre. La statue de l'amiral est surtout célèbre. Avec sa cotte d'armes, son écu, son armure, elle repose sur le cénotaphe avec une souplesse qui étonne; on dirait la tête d'un héros antique, tant son expression a de force et de caractère. Il n'a manqué à cet habile artiste que d'exécuter un plus grand nombre de statues pour mériter un rang parmi nos meilleurs sculpteurs.

On doit reprocher à Jean Cousin d'avoir trop souvent mêlé dans ses compositions la mythologie païenne aux traditions chrétiennes. Comme la plupart des grands dessinateurs, il fut un coloriste médiocre; son pinceau est d'une extrême sécheresse. Mais si l'on fait attention au temps où vécut ce peintre, si l'on songe

(1) Ce tableau, qui ornait autrefois la sacristie des Minimes de Vincennes, est aujourd'hui au Louvre.

qu'il ne quitta point la France, on ne pourra se lasser d'admirer son génie. Jean Cousin vécut paisible et en grand honneur à l'époque la plus orageuse peut-être de notre histoire, sous les règnes de François Ier, Henri II, François II, Charles IX et Henri III. Ses vertus le firent généralement estimer. En même temps que lui grandissaient de jeunes hommes qui, pour être ses rivaux, ne cessèrent jamais d'être ses amis. C'étaient Jean Goujon, Pierre Lescot, Philibert Delorme, Germain Pilon, Nicolo le Rosso, et quelques autres encore dont les grands talents avaient annoncé l'aurore la plus brillante, trop tôt obscurcie, hélas! par les calamités qui signalèrent le règne des derniers Valois. Jean Cousin vécut au milieu d'eux sans envie, sans intrigues, et fournit très honorablement une des plus longues carrières d'artiste. Il mourut l'an 1590, presque nonagénaire, laissant quelques ouvrages ou traités encore estimés de nos jours. Ce sont : *la Vraie science de la pourtraicture* (1), *l'Art de desseigner* et *le Livre de perspective.*

Paul Véronèse.

(Ecole vénitienne.)

1528 — 1588

Paul Cagliari, plus connu sous le nom de Paul Véronèse, naquit à Vérone en 1528 ou 1530, et révéla de bonne heure son talent pour le dessin. Son père, habile sculpteur, après avoir tenté vainement de lui faire embrasser sa profession, le confia aux soins de son oncle, le peintre Antonio Badile, sous lequel Paul fit de rapides progrès. Il gagna fort jeune encore un prix

(1) Il dit dans ce livre : « Je ne fais rien sortir en lumière qu'avec l'aide de Dieu. »

à un concours de peinture à Mantoue. Cependant, mal apprécié à Vérone, où florissaient déjà d'illustres artistes, il chercha la gloire ailleurs que dans sa patrie. Mantoue, Sienne, Vicence et la petite ville de Fanzolo, où il peignit plusieurs fresques, arrêtèrent quelque temps ses pas. Enfin il se rendit à Venise. Une ville aussi belle, aussi féconde en grands hommes, en grands souvenirs, était digne d'inspirer le talent noble et élevé du peintre des *Noces de Cana*. Véronèse chercha d'abord à marcher sur les traces du Titien et du Tintoret ; mais, abandonnant ensuite la manière de ces grands maîtres, il s'étudia à les surpasser par une élégance plus recherchée et une variété plus abondante d'ornements. Saint-Sébastien de Venise vit commencer et grandir sa gloire. Une magnifique fresque qu'il peignit dans cette église, *l'Histoire d'Esther et de Mardochée*, excita surtout l'admiration générale. Le sénat de Venise s'empressa dès lors de confier à ce maître des travaux importants.

Véronèse embellit la ville des doges d'une foule de chefs-d'œuvre. Conduit à Rome par l'ambassadeur Grimani, il y vit avec enthousiasme les immortelles productions de Raphaël et de Michel-Ange, et à son retour il peignit sa belle *Apothéose de Venise*, qui orne un des plafonds du palais ducal. Ce même palais, où la gloire et la splendeur passées de Venise éclatent de toute part, offre d'admirables tableaux de Paul Véronèse : c'est le *Retour du doge André Contarini après la victoire remportée sur les Génois*, la *Défense de Scutari*, la *Prise de Smyrne*. Heureuse la cité vénitienne de voir d'immenses toiles du Titien, du Tintoret, de Paul Véronèse et d'autres maîtres habiles rappeler les mémorables faits de son histoire ! Quel ardent patriotisme respire dans ces belles peintures ! « Venise, dit un écrivain, y paraît toujours comme l'emblème de la force, de la grandeur et de la beauté ; elle est une déesse puissante qui brise des chaînes, reçoit les hommages de villes soumises. Elle est dans le ciel au milieu des saints et des saintes, on la voit assise entre la Justice et la Paix ; elle est entourée des Vertus, couronnée par la Victoire, où elle apparaît dans les nues au milieu de la foule des divinités. L'allégorie perd là sa froideur ordinaire, puisqu'elle y devient l'expression d'un sentiment d'orgueil et d'amour de la cité (1). »

Cependant les tableaux qui font le plus d'honneur à Paul Véronèse sont les tableaux de *Cènes* (ou repas), que son fécond pinceau a répétés plus de dix fois. Venise en comptait au moins six dans différents réfectoires de religieux. La plus célèbre est celle dite les *Noces de Cana*, qui fut peinte pour le réfectoire de Saint-Georges-le-Majeur. Cette immense composition, l'un des beaux ornements de notre musée du Louvre, contient plus de cent trente figures, dont la plupart sont des portraits de princes ou insignes personnages du temps. Paul Véronèse s'est représenté lui-même avec les plus illustres peintres de Venise, ses contemporains, au milieu du groupe de musiciens qu'occupe le devant du tableau. Il joue du violoncelle ; derrière lui, Tintoret l'accompagne avec un instrument semblable, et Titien joue de la basse. Un homme debout, vêtu d'une étoffe brochée et qui tient une coupe remplie de vin, est Benedetto Cagliari, frère de Paul.

On retrouve, dans les *Noces de Cana*, toutes les éclatantes qualités de Véronèse : élégance, richesse des ornements, justesse dans la couleur, fécondité de l'imagination. Mais on y trouve aussi ses défauts : assemblages étranges, bizarres, anachronismes. Quoi de plus invraisemblable, en effet, remarque un judicieux

(1) Valery.

critique, que de voir toute la pompe asiatique déployée aux noces d'un simple particulier de la Galilée! Quelle inconséquence dans ces costumes de tous les pays! Quel singulier assemblage que celui de Jésus-Christ, de la Vierge, des apôtres, placés à côté des poëtes, des moines, des musiciens du temps de Paul Véronèse (1)! »

Dans son magnifique tableau des *Pèlerins d'Emmaüs*, du musée du Louvre, Véronèse blesse encore toutes les unités de temps, de lieu et d'action, auxquelles doit se soumettre le peintre aussi bien que le poëte. Mais à côté de tous ces défauts de Paul, que de beautés du premier ordre! que de noblesse, de grandeur, d'esprit et d'élévation dans ses ouvrages! Le Guide disait que s'il avait à choisir entre tous les peintres, il voudrait être Véronèse. L'école vénitienne comptera toujours avec orgueil cet artiste au nombre de ses plus grands maîtres.

Le *Repas de Jésus-Christ chez Simon le Pharisien*, tableau d'une dimension non moins grande que les *Noces de Cana*, avait été peint pour le réfectoire des Servites de Venise. Louis XIV ayant demandé ce chef-d'œuvre aux religieux, il en essuya un refus. Mais la république le fit enlever et en fit hommage au grand monarque.... La galerie du Louvre regrette aujourd'hui la perte de ce beau tableau. Les autres principaux ouvrages de ce grand maître sont à Vérone ou à Venise. Ceux de Vérone ont le moins souffert des injures du temps. Les fresques dont il orna les palais ou les églises de Venise ont été en partie restaurées. L'air de cette ville détruisant facilement ce genre de peinture, trop souvent, hélas! des mains étrangères ont été appelées à retoucher les chefs-d'œuvre qui composent une si brillante parure à cette reine des mers.

Paul Véronèse eut de nombreux élèves, parmi lesquels

(1) Taillasson.

on distingue Carletto et Gabriel ses fils, et Benoît son frère. Carletto, son fils aîné, eût été digne de son père; il l'eût peut-être surpassé en quelques points si l'ardeur de l'étude n'eût abrégé ses jours. Ce jeune artiste mourut à 24 ou 26 ans, peu d'années après son père, dont il était tendrement aimé. Véronèse mourut lui-même d'une fièvre aiguë le jour de Pâques 1588, âgé seulement de 58 ans. Ses restes furent déposés dans l'église de Saint-Sébastien, couverte de ses superbes peintures, aujourd'hui altérées, détruites. Ce grand peintre était doué d'une fécondité d'imagination admirable. Des idées neuves, piquantes, apparaissent dans chacun de ses nombreux tableaux. Aucun peintre n'a peint avec autant de facilité, sans éviter, comme lui, le reproche d'avoir composé trop d'ouvrages. S'il eût mieux respecté certaines convenances dont un peintre ne doit jamais s'écarter, s'il eût su enfin s'asservir aux lois de la chronologie, il marcherait de pair avec les plus grands maîtres. Véronèse a laissé, avec la réputation d'un grand artiste, celle d'un homme de bien. Il était d'un caractère doux, aimable et libéral. On l'accueillit un jour avec bonté dans une villa près de Venise : en partant, il fit don à ses hôtes d'un tableau représentant la *Famille de Darius*, terminé en quelques jours, mais néanmoins plein de charme et de talent. De mœurs pures, d'une probité sévère, Paul Véronèse était sincèrement pieux. Son nom doit figurer parmi ceux des artistes chrétiens dont la religion aime à s'honorer.

Rubens.

(Ecole flamande.)

1577 — 1640

Le 29 juin 1577, naissait à Cologne, d'une famille noble, attachée à la maison de l'empereur Charles-Quint, un septième enfant, auquel on donna le nom des deux saints apôtres qui avaient présidé à sa naissance : c'était Pierre-Paul Rubens, appelé à devenir l'un des plus illustres peintres de l'école flamande (1). Destiné d'abord à la robe, il se faisait déjà remarquer par sa vive intelligence et une aptitude singulière, lorsqu'à dix ans il perdit son père. Sa mère revint habiter Anvers, sa ville natale. Le jeune Rubens y reprit le cours de ses études. A treize ans, il parlait le grec et le latin comme sa langue maternelle, et s'exprimait presque aussi facilement en anglais, en espagnol, en italien et en français. Doué d'une figure agréable, habile dans les exercices du corps, il plaisait dès lors à tout le monde par la franchise et la gaieté de son caractère.

Placé comme page chez la comtesse de Lalaing, sa marraine, d'une des plus nobles familles de Flandre, Rubens se dégoûta bientôt de la vie molle et frivole qu'il menait, et supplia sa mère de lui laisser étudier la peinture. Ayant vaincu sa résistance, il entra dans l'atelier d'Adrien Van-Noordt, peintre de portraits, homme brus-

(1) La famille de Rubens, originaire de Styrie, était venue s'établir à Anvers, à l'époque du couronnement de Charles-Quint. Jean Rubens, son père, fervent catholique, exerça, pendant plusieurs années, dans cette ville les premières magistratures. Mais les troubles excités par les sectaires du seizième siècle l'ayant dégoûté du séjour d'Anvers, il se transporta à Cologne avec sa femme, et y acheta une maison devenue célèbre, dans la suite, par le séjour de Marie de Médicis, qui y mourut en 1643.

que, qui, de simple menuisier, était devenu un artiste célèbre. Le caractère brutal et la conduite crapuleuse de ce peintre inspirèrent bientôt à l'élève un dégoût invincible. Il revint chez sa mère. C'est là que vint le trouver Octavius Van Veen, dit *Otto-Vœnius*, peintre tel que pouvait désirer le jeune homme sous le rapport des mœurs et des talents. Otto-Vœnius, se trouvant à Anvers, était venu rendre visite à dame Rubens. Surpris et charmé à la vue d'un tableau que Pierre-Paul avait peint pour l'anniversaire de la naissance de sa mère, il l'embrassa en lui prédisant les plus brillantes destinées. Puis, l'ayant amené à Bruxelles, il l'installa près de lui dans son atelier et ne le quitta plus. Il lui révéla les secrets de l'art, s'appliqua soigneusement à donner une sage direction à la fougue de son génie, veilla sur sa conduite, et se montra enfin à son égard presque autant un père tendre qu'un maître habile et dévoué.

Après quatre ans d'études, Rubens n'eut plus besoin de guide. Il partit pour l'Italie (mai 1600), afin d'y étudier les grands maîtres. Venise arrêta d'abord ses pas. La vue des ouvrages du Titien, de Paul Véronèse, du Tintoret, etc., enflamma sa jeune imagination. Plein de verve et d'ardeur, il se renferma dans son atelier, cherchant à imiter de souvenir les œuvres admirables qui venaient d'enchanter ses regards.

Vincent de Gonzague, duc de Mantoue, instruit par un de ses gentilshommes, commensal de Rubens à Venise, du rare talent du jeune artiste, l'invita sur-le-champ à se rendre à sa cour. Rubens, décoré du titre de gentilhomme, peintre de la cour de Mantoue, gagna de plus en plus les bonnes grâces du prince, qui se plaisait à le voir travailler et à mettre son érudition à l'épreuve. Il obtint si bien la préférence et l'estime de son protecteur, qu'il fut choisi par lui pour remplir une mission importante à la cour de Philippe III, roi d'Espagne. L'adresse du jeune flamand, sa franchise, la loyauté et l'habileté de ses démarches lui gagnèrent tous les cœurs et le firent réussir sans obstacle. A son retour, il demanda au duc la permission de parcourir les différentes villes de l'Italie. Vincent de Gonzague consentit non sans peine à son départ. Il chargea Rubens de copier pour lui les plus beaux tableaux de l'école romaine ; en même temps, il lui passa au cou une riche chaîne d'or et le combla de présents.

A peine installé dans la capitale des arts, Rubens se livra tout entier à l'étude, et ne tarda pas à conquérir une haute renommée. Le pape Clément VIII et son neveu le cardinal Cynthio Aldobrandini l'avaient accueilli avec de grandes marques de distinction. L'archiduc Albert lui commanda trois tableaux pour la chapelle de Sainte-Hélène, qu'il faisait réparer dans l'église de Sainte-Croix de Rome. Rubens passa à Florence, où le grand-duc le reçut avec de grandes marques de bienveillance. Ce prince voulut avoir le portrait de l'artiste peint par lui-même, pour en orner la magnifique galerie où il rassemblait les portraits des plus célèbres peintres. Rubens mit à profit son séjour à Florence pour y étudier les chefs-d'œuvre de la sculpture antique et ceux qu'avait produits le ciseau de Michel-Ange. Après avoir exécuté plusieurs travaux pour le grand-duc, Rubens quitta la Toscane pour aller voir à Bologne les ouvrages des Carraches, et il retourna une seconde fois à Venise, guidé par sa prédilection pour les grands coloristes de cette école Un plus long séjour dans cette ville lui permit de s'y perfectionner dans cette partie de l'art qu'il a possédée à un degré éminent. A ses yeux cependant, l'école romaine était supérieure pour le dessin, et il se décida à revenir à Rome.

Ce nouveau séjour de Rubens dans la capitale du monde chrétien fut signalé par une heureuse fécondité. Le grand artiste peignit, pour l'oratoire du Pape à Monte-Cavallo, *la Vierge et sainte Anne adorant l'Enfant Jésus*. A l'exemple du Saint-Père, les cardinaux Chigi, Rospigliosi, le connétable Colonne, la princesse de Scalamara, les Pères de l'Oratoire, lui commandèrent plusieurs tableaux. Il peignit pour le second de ces cardinaux les *Douze Apôtres*, et pour la *Chiesa nuova*, ou l'église neuve des Pères de l'Oratoire, trois tableaux d'autel : *la Vierge et l'Enfant Jésus adoré par les Anges ;* une *Vierge martyre accompagnée de deux saintes et d'anges ;* enfin *Saint Grégoire le Grand*, *Saint Maurice*, *Saint Jean-Baptiste*, et autres saints.

Rubens voulut compléter ses études en visitant Milan et Gênes. A Milan, il dessina la fameuse *Cène* de Léonard de Vinci, et peignit, pour la bibliothèque ambroisienne, un tableau représentant la *Vierge et l'Enfant Jésus entourés d'un cercle de fleurs*. Devancé à Gênes par sa réputation, il y fut reçu avec les distinctions les plus flatteuses. Cet accueil, joint à la beauté de la ville et à la douceur du climat, y prolongea son séjour. Parmi les tableaux qu'il y exécuta, on cite la *Circoncision de Jésus-Christ*, et *Saint Ignace guérissant les malades et les estropiés*, qu'il peignit pour l'église des Jésuites. Ces deux compositions, où le peintre a déployé tout son génie, sont regardées par les Génois comme les chefs-d'œuvre de leur auteur. Ce fut pendant son séjour à Gênes la Superbe que Rubens dessina la magnifique collection gravée et imprimée à son retour en Flandre sous le titre de *Palais de Gênes de Pierre-Paul Rubens.*

Possesseur de richesses considérables honorablement acquises, accueilli avec distinction partout où il portait ses pas, admiré de l'Europe entière, à un âge où les artistes sont encore inconnus, Rubens n'avait plus qu'un seul désir, celui d'aller déposer sa gloire aux pieds d'une mère chérie et de la rendre heureuse de son bonheur. Il se disposait à partir pour revoir sa patrie, lorsqu'il apprend tout à coup que cette mère si tendrement aimée est dangereusement malade. Il s'embarque aussitôt sur un bâtiment léger qui le transporte rapidement sur les côtes de Flandre. En mettant le pied sur le sol natal, il apprend que sa mère a cessé de vivre. Au lieu de se rendre à Anvers, le fils désolé se retire à l'abbaye de Saint-Michel, dont l'église venait de recueillir la dépouille mortelle de celle qu'il n'a pas eu la consolation de revoir. Là, durant quatre mois, tout entier à sa douleur, il s'occupa uniquement du soin d'élever un tombeau à une mère dont la mémoire demeura toujours chère à son cœur.

Rubens, en reparaissant à Anvers, reçut de toutes les classes l'accueil le plus distingué. Toutefois il se disposait à retourner en Italie, dont le climat convenait mieux à sa santé et à ses goûts ; mais l'archiduc Albert et son épouse Isabelle, ne voulant point laisser partir un artiste qui faisait la gloire de leur pays, l'appelèrent à la cour de Bruxelles, et l'attachèrent à leur service par une pension considérable et de hautes marques d'honneur. Rubens obtint néanmoins la permission de résider à Anvers, où il pouvait plus librement vaquer à ses travaux sans être distrait par le tourbillon de la cour. Il acheta alors dans cette ville une maison spacieuse, qu'il fit rebâtir en grande partie à la romaine et où il déploya la magnificence d'un prince (1610). Dans cette même année, il épousa Isabelle Brant, nièce de la femme de son frère aîné Philippe Rubens, secrétaire de la ville d'Anvers. L'archiduc voulut tenir sur les fonts de baptême le premier-né de Pierre-Paul et lui donna son nom.

La vie de Rubens, à partir de cette époque, n'est en quelque sorte qu'une suite de triomphes, d'enchantements et de merveilles. Vainement l'envie suscitée par des peintres rivaux essaie-t-elle de se déchaîner contre lui; elle doit se taire devant les louanges unanimes dont il est l'objet. Rubens, en multipliant ses chefs-d'œuvre, se rendait d'ailleurs chaque jour plus digne de sa renommée. Une Sainte-Famille, qu'il peignit pour l'oratoire de l'archiduc, enleva tous les suffrages. Admis dans la confrérie de Saint-Ildefonse, il exécuta, pour l'autel de la chapelle de l'Ordre, le célèbre tableau qui représente *la Vierge sur un trône d'or, donnant la chasuble à saint Ildefonse à genoux devant elle ;* chef-d'œuvre admirable, que quelques personnes même jugent supérieur à celui de la *Descente de croix*. Quand on vint apporter à Rubens le prix de cet ouvrage, il le refusa, en disant qu'il était assez payé par l'honneur d'avoir été reçu dans un corps aussi respectable. A cette époque, les artistes s'honoraient d'appartenir à une *pieuse confrérie*, et le patronage du saint leur semblait de la plus haute valeur. L'art y gagnait, et la piété aussi.

Citons parmi les autres beaux ouvrages de Rubens, son tableau de *Jésus-Christ, accompagné de douze apôtres, donnant les clefs à saint Pierre*, composé pour le mausolée de famille que le chancelier d'Amant avait fait ériger dans l'église de Sainte-Gudule à Bruxelles; et le tableau de *Job sur son fumier écoutant sans s'émouvoir les invectives de sa femme*, autrefois dans l'église de Saint-Thomas de la même ville. Rubens avait décoré de ses ouvrages les principales églises de Bruxelles et d'Anvers. Quelques-uns d'entre eux ont disparu ; ceux qu'on y voit encore attestent la puissance et la fécondité de son génie. Telle est surtout, dans la belle cathédrale d'Anvers, la fameuse *Descente de croix*, regardée généralement comme un des chefs-d'œuvre de la peinture. On connaît l'histoire de ce tableau. Les confrères de l'arquebuse, possesseurs d'un jardin contigu à celui de la maison de Rubens, portaient plainte contre lui, pour avoir, disaient-ils, empiété sur leur propriété en faisant des fouilles, et ils le sommaient de faire combler les trous de son jardin. On commençait à s'échauffer de part et d'autre, lorsque le doyen de la confrérie, ami du peintre, lui proposa de tout accommoder, en composant pour leur chapelle, dans la cathédrale d'Anvers, un tableau qui représenterait *S. Christophe*, leur patron, assurant qu'à ce prix les confrères se désisteraient de tous leurs droits, bien qu'ils fussent parfaitement fondés. Rubens accepta, et peignit un tableau à trois compartiments : celui du milieu représentant le *Christ descendu de la croix* ; les deux autres, qui lui servaient de volets, ayant pour sujets la *Visitation* et la *Purification*. Ces différentes compositions étaient une allusion au mot *Christophe* (Porte-Christ). Mais les arquebusiers ne se contentèrent pas de cette explication. Rubens, pour les satisfaire, peignit, sur les revers des volets, un *Saint Christophe colossal*, *portant l'Enfant Jésus*, *et accompagné d'un ermite*, *la lanterne à la main* ; le tout ne formant qu'un tableau lorsque les deux volets étaient fermés. La conquête de la Belgique, en 1792, avait rendu la France maîtresse de ces chefs-d'œuvre. Après avoir orné, pendant plus de vingt ans, le musée du Louvre, ils ont été rendus en 1815, et ils décorent aujourd'hui la cathédrale d'Anvers. Placée dans la croisée de l'église, à droite, ils ont pour pendant, de l'autre côté de la croisée, le *Christ mis en croix*, autre chef-d'œuvre et le premier ouvrage qu'il peignit à son retour d'Italie. La même cathédrale possédait encore une *Assomption de la Vierge*, et d'autres admirables tableaux du grand artiste, qu'on regrette de ne plus retrouver dans les gothiques nefs de ce magnifique temple.

Le musée d'Anvers a recueilli quelques-uns des beaux ouvrages dont le génie fécond de Rubens avait décoré les vieilles églises flamandes. C'est là qu'on admire, entre quatorze tableaux et six esquisses de ce maître, l'*Adoration des mages*, vaste et belle composition, qu'il fit pour l'abbaye de Saint-Michel, où il s'était retiré après la mort de sa mère ; le *Christ en Croix agonisant entre les deux larrons*, la *Communion de saint François d'Assise*, et *Jésus-Christ montrant ses plaies à saint Thomas*. Ces trois derniers tableaux, qu'on peut classer parmi les meilleurs de Rubens, ornaient autrefois l'église des Récollets d'Anvers, aujourd'hui le musée. Ils ont fait partie quelque temps de notre musée du Louvre.

Il est un autre tableau de Rubens que notre patrie possède, et qui forme un des plus beaux ornements du musée de Lyon. C'est *Jésus-Christ la foudre en main, menaçant l'univers, pour lequel intercède la Vierge à genoux sur les nuages*. Au bas du tableau, saint François d'Assise, et une foule de cardinaux, d'évêques, de saints et de saintes implorent le Sauveur ; saint Dominique, en couvrant le globe de la terre de son manteau, semble vouloir le dérober à la vengeance céleste. Ce tableau, d'un effet original et grandiose, est, à certains égards, l'un des meilleurs ouvrages de Rubens. Lyon doit s'applaudir de posséder ce chef-d'œuvre.

En 1515, Rubens montra qu'il était aussi habile architecte que grand peintre. Les Jésuites d'Anvers avaient acquis une certaine quantité de marbres noirs, blancs et jaspés, pris par les Espagnols sur un corsaire algérien, et destinés à construire une mosquée. Ils voulurent mettre ces matériaux à profit en faisant bâtir une église, et Rubens, chargé par eux d'en donner les plans, s'acquitta merveilleusement de sa tâche; tout fut exécuté d'après ses dessins. Pour achever d'embellir l'édifice, Rubens y peignit trente-six plafonds. Malheureusement ces peintures, dont la gravure nous a révélé tout le prix, ont péri dans un incendie causé en 1718, par la foudre, qui dévora l'édifice entier.

La réputation de Rubens, devenue européenne, attira sur lui l'attention de la reine Marie de Médicis. Elle le fit inviter à venir à Paris, voulant lui confier l'embellissement de son palais du Luxembourg. Rubens, s'étant rendu à la cour de France (1620), y reçut de la reine l'accueil le plus flatteur. Marie de Médicis exposa ses idées; l'artiste lui soumit les siennes, et demanda la permission d'aller exécuter ses tableaux dans son atelier d'Anvers, le seul où il pouvait trouver toutes les facilités nécessaires pour un travail aussi considérable. De retour à Anvers, Rubens se mit à l'œuvre, et dans le seul espace de vingt mois, dit-on, il acheva vingt-quatre compositions qui contiennent sous la forme allégorique toute l'histoire de Marie de Médicis depuis sa naissance jusqu'à l'époque de sa réconciliation avec Louis XIII son fils. L'artiste revint à Paris pour mettre en place cette suite de tableaux.... Lorsque tout fut terminé, la cour, admise à voir cette œuvre si impatiemment attendue, témoigna hautement son admiration pour la perfection de l'ouvrage, l'imagination que l'auteur y avait déployée, et la promptitude avec laquelle il avait pu terminer une aussi vaste entreprise. Laissons à la cour de Marie de Médicis sa trop vive admiration; aussi bien, tout en reconnaissant dans ce long poëme un prodigieux talent, nous est-il impossible d'y voir un véritable titre de gloire pour son auteur. Si on a reproché justement à Rubens l'usage trop fréquent de l'allégorie et le mélange peu judicieux du sacré et du profane, n'est-ce pas ici surtout que ce reproche est mérité? Que signifie, par exemple, cette figure entièrement nue de Mercure entre deux cardinaux?... Si claires et si heureuses que soient les allégories introduites dans ces diverses compositions, où se révèlent tout à la fois l'étendue des connaissances et la fécondité de l'imagination du peintre, ne répugne-t-il pas de reconnaître, sous les traits de Jupiter et de Junon, sur un char traîné par deux lions, Henri IV et Marie de Médicis faisant leur entrée dans la seconde ville du royaume. Que signifient encore une fois ces impures divinités de la mer, accompagnant la reine jusqu'au port de Marseille, ou bien tout cet Olympe assemblé pour présider au gouvernement de l'épouse du roi très-chrétien?... Arrière ces souvenirs de la fable se mêlant aux faits de notre histoire nationale!...

Combien Rubens, avec toute sa gloire, nous semble inférieur dans ses types aux grands maîtres des écoles de Rome, de Florence, de Venise! Ces artistes immortels cherchaient la grandeur et la beauté dans l'idéalisation : Rubens, bien qu'il ait étudié avec soin les écoles italiennes, diffère d'elles essentiellement. Le premier entre les modernes, il a cherché ailleurs les vrais types du grand, du beau; acceptant franchement la nature telle qu'elle s'offrait à ses yeux, pleine de sève et d'énergie, il l'a prise sur le fait, et loin de corriger ce qu'elle pouvait avoir d'exubérant, il n'a pas craint parfois d'exagérer ses modèles. Si la peinture italienne est le plus souvent chaste et sainte, la peinture de Rubens est singulièrement hardie et profane. La réalité qu'il nous offre ne ressemble en rien, il est vrai, aux trivialités de la vie usuelle. Dans ces chairs palpitantes, pleines de sang et de vie, il y a toujours quelque chose de grand et d'élevé : mais ce n'en est pas moins la nature, et la nature flamande, qui est son type continuel. Rubens s'élève bien rarement à ce beau idéal dont la contemplation et la recherche faisaient la vie des grands maîtres des écoles d'Italie. Il fut le peintre de la terre, et non point le peintre du ciel. Quel que soit l'éclat de sa gloire et de sa renommée, jamais on ne dira le *divin Rubens*, comme on aime à dire le *divin Raphaël*.

Rubens, à la demande de Marie de Médicis, avait commencé une seconde suite de tableaux destinés à consacrer les faits et gestes de Henri IV, son époux; mais, pendant qu'il composait les esquisses, la reine, brouillée de nouveau avec son fils, se retira à Bruxelles, et l'entreprise du peintre demeura interrompue. De retour en Flandre, Rubens, tout en s'occupant de diverses négociations dans le but de renouer des relations entre les cours d'Espagne et d'Angleterre, reprit ses travaux favoris. Il exécuta vers cette époque plusieurs tableaux pour la cathédrale et les églises de Notre-Dame et de Saint-Jean de Malines. L'église de Notre-Dame se vit ornée d'une *pêche miraculeuse*, l'un des chefs-d'œuvre de Rubens (1); celle de Saint-Jean, d'une *Adoration des Mages*, vaste et belle composition dans laquelle l'artiste a déployé tout son talent. Sur le volet à gauche est la *Décollation de saint Jean-Baptiste;* sur celui à droite, le *Martyre de saint Jean l'Evangéliste*. Les revers des deux volets ont en outre pour sujets : *Saint Jean-Baptiste dans le désert*, et *saint Jean l'Evangéliste dans l'île de Pathmos*. Au dessous de l'autel, se trouve à droite la *Résur-*

(1) Ce tableau, à deux volets, ornait la chapelle de la confrérie des Poissonniers. Sur l'un des volets, on voit *le jeune Tobie et le poisson*, et sur l'autre, *la Pêche du poisson portant le denier du tribut*. Au-dessus du tabernacle, trois autres petits tableaux représentaient *Jonas jeté à la mer*, *Saint Pierre s'enfonçant dans les eaux*, et un *Christ en croix*. C'est en dix jours seulement que Rubens peignit ces beaux ouvrages pour lesquels il reçut mille florins de Brabant.

rection de Jésus-Christ ; au milieu le *Christ en croix*, et à gauche, *l'Adoration des bergers.* Tous ces divers ouvrages sont exécutés avec une telle finesse et un si grand soin qu'une miniature ne saurait être terminée avec plus de fini. Et cependant l'artiste ne mit que dix-huit jours pour achever ces huit tableaux. On sait que Rubens affectionnait singulièrement ses compositions. Lorsque ses amis le complimentaient, il avait coutume de leur dire : « C'est à Saint-Jean de Malines qu'il faut aller pour voir mes bons ouvrages (1). »

C'était dans son château de Stein près de Malines que Rubens se livrait à ses nombreux travaux. Ce château, situé dans un lieu ombragé de bois, terrain moins uniforme que celui du reste de la Flandre, offrait à l'artiste les points de vue les plus variés. Rubens venait chaque année y passer une partie de la belle saison, et s'y livrer sans distraction à la promenade, à la lecture ou au plaisir de la chasse et de la pêche, sans négliger l'exercice de son art ; il trouvait là au contraire une ressource pour l'étude des paysages. Cette habitation, embellie à grands frais, était remarquable par les collections de tout genre qui la décoraient. A côté de magnifiques objets d'art se trouvaient de précieux témoignages de l'amitié et de l'estime que les grands personnages vouaient au grand peintre. Telle était, par exemple, l'épée qui lui avait été donnée par Charles Ier roi d'Angleterre, en l'armant chevalier, lorsqu'il était venu à sa cour pour conclure,

(1) On doit citer encore, comme un des meilleurs ouvrages de Rubens, son fameux *Martyre de saint Georges*, qu'il fit pour la confrérie des arbalétriers de Liége, la plus parfaite peut-être des figures qu'il ait produites sous le rapport du dessin et de la profondeur de l'expression. Citons encore sa vaste composition du *Christ succombant sous le poids de sa croix*, pour l'abbaye d'Affllighem, et son tableau de *Saint Roch guérissant les pestiférés*, pour la confrérie de Saint-Roch d'Alost.

au nom du roi d'Espagne, un traité de paix. A la ville, les seules distractions que se permit Rubens, étaient dans les beaux jours de faire le tour des remparts ou une promenade aux environs, sur un magnifique cheval d'Espagne. Il aimait passionnément les chevaux, et il en entretenait toujours quelques-uns de fort beaux dans ses écuries, pour les monter ou s'en servir comme de modèles.

Rubens ne fut pas seulement un artiste ; il joua un grand rôle politique dans les affaires de son temps. Son esprit, ses talents, ses rares qualités le firent choisir pour des négociations importantes dont il s'acquitta toujours avec honneur et succès. On le voit tantôt à la cour de Madrid, puis à celle de Londres, comblé de présents de grand prix ou revêtu de nobles insignes par les rois Philippe IV et Charles I : tantôt c'est à la Haye qu'il se rend chargé par l'infante Isabelle d'une nouvelle négociation auprès des états-généraux de Hollande. Rubens mettait à profit pour son art ces divers voyages. L'histoire offre plus d'un exemple de cette heureuse alliance du génie des arts avec celui de la diplomatie. On a vu plus d'un grand artiste embellir son pays par ses œuvres et le servir en même temps par son éloquence ou par ses actes d'utile citoyen. Une grande part de la gloire de Rubens est due sans doute à ses services politiques qui ont rehaussé l'éclat de son talent, comme son talent a reçu lui-même un nouveau lustre de ses relations princières et des pacifiques missions qu'il fut appelé à remplir.

Revenu une dernière fois à sa maison d'Anvers pour se délasser de tous ses voyages, Rubens reprit, pour ne plus les quitter, ses travaux favoris. A cinquante-trois ans, il épousa sa seconde femme, Héléna Forman, beaucoup plus jeune que lui et dont la conduite ne fut pas toujours exempte de blâme. Rendu à ses occupations, il fut assailli de tous côtés par des demandes de tableaux; mais sa facilité prodigieuse et le concours de ses nombreux élèves lui permirent de satisfaire à toutes les exigences. Il serait impossible de citer tous les ouvrages dus au pinceau de ce grand artiste. La gravure nous en a fait connaître près de 1500. Rubens peignait avec une égale habileté l'histoire, le portrait, le paysage, les fruits, les fleurs, les animaux. Cependant ses principaux ouvrages sont dans le genre historique et représentent des sujets religieux. Il inventait facilement et exécutait avec la même facilité. Il aimait les vastes compositions dans lesquelles il pouvait se déployer tout entier. Il n'avait pas, comme Raphaël, la grâce qui respire dans toutes les productions du peintre d'Urbin ; mais il possédait au suprême degré cette fougue qui se manifeste par des effets saisissants. Ses figures, ses groupes semblaient sortir tout formés de son cerveau pour se retracer sur la toile. On admire surtout en lui la magie de la couleur, et c'est comme coloriste qu'il a mérité sa gloire, bien que dans cette partie de l'art il n'ait point égalé le Titien. Son suprême mérite consiste dans le grandiose de l'effet, dans l'enthousiasme et la variété de la composition. Il est le premier des peintres d'apparat ; quel artiste a jamais poussé aussi loin que lui sous ce rapport la puissance de l'art ?

Rubens, malgré une vie réglée et exempte d'excès, fut atteint dans ses dernières années de violents accès de goutte qui interrompirent tout à coup ses travaux. Après avoir supporté avec calme et une résignation chrétienne d'atroces douleurs, il mourut le 30 mai 1460. Sa veuve lui fit ériger un magnifique mausolée dans l'église de Saint-Jacques d'Anvers, et l'orna d'un tableau du défunt, où sont figurés *la Vierge et l'enfant Jésus avec plusieurs saints.*

Si Rubens dut à ses talents l'empressement et les hommages dont il fut toujours entouré, il les dut aussi à son caractère personnel : il était magnifique, généreux, bienfaisant, étranger à l'envie ; il faisait le plus noble usage des biens considérables que lui avait procurés son pinceau. Sa table, quoique servie avec délicatesse, l'était sans profusion ; il aimait à y réunir des amis et à se livrer avec eux à une joie qui ne dégénérait jamais en excès. L'éducation de ses nombreux enfants était une des occupations les plus importantes de sa vie. Le Ciel bénit les travaux de l'artiste chrétien (1). L'une de ses filles embrassa la vie religieuse ; Pierre-Paul, le plus jeune de ses fils, devint prêtre ; François, un autre de ses fils, fut membre du Conseil souverain de Brabant.

Simon Vouet.

(Ecole française.)

1582 — 1649

De Jean Cousin à Simon Vouet, pendant près d'un demi-siècle, l'école française présente une sorte de lacune que ne peuvent combler les noms de quelques peintres obscurs. Cependant, tandis que Germain Pilon sortait de

(1) Rubens conserva fidèlement les sentiments religieux qu'il avait puisés dans sa famille. Le peintre de tant de tableaux de piété et de figures de l'auguste Vierge avait une dévotion particulière envers la Mère de Dieu. On dit que le grand artiste portait toujours, suspendue à son cou, une petite madone d'argent donnée par le Tasse au père de Rubens, de qui Pierre-Paul l'avait recueilli comme un pieux héritage. Mais l'anecdote du Tasse, à son lit de mort, redemandant cette madone au jeune artiste près de lui, afin de la baiser une fois encore, est évidemment controuvée. Quand le Tasse mourut à Rome, en 1595, Rubens, alors âgé de dix-huit ans, n'avait point quitté la Flandre. Le jeune artiste ne commença qu'en 1600 ses voyages en Italie.

l'école Primatice avec cette ardeur juvénile qui devait enfanter de grands ouvrages ; tandis que Bernard Palissy, Léonard de Limoges fondaient des manufactures d'émaux et de faïence et reproduisaient sur ces objets les œuvres des grands maîtres, quelques jeunes hommes, Jeannet, Fréminet, se hasardaient à la suite de Jean Cousin dans la voie si difficile de la peinture. « C'était, dit un écrivain, un avant-goût de ce dix-septième siècle, dont l'influence magique devait s'étendre sur toute l'Europe ; qui donna à la France Claude Lorrain, Poussin, Le Brun, Puget ; à la Flandre, les Breughel, les Gérard Dow, les Rubens, les Vandyck et les Rembrandt ; à l'Espagne, les Murillo, les Ribera et les Vélasquez. L'Italie seule ne pouvait plus se surpasser, mais Dominique Lanfranc, l'Algarde, Salvator Rosa surent bien l'empêcher de descendre. » Eblouis par cet ensemble grandiose de l'art au dix-septième siècle, gardons-nous cependant d'oublier le peintre illustre qui parut à son aurore comme pour rétablir les fondements de l'édifice élevé par François Ier et préparer les splendeurs du règne de Louis le Grand.

A Simon Vouet était réservée cette gloire. Né à Paris en 1582, cet artiste fut élève de Laurent Vouet, son père, dont il ne put recevoir que des leçons médiocres. Il se fit néanmoins, très-jeune encore, une telle réputation comme peintre de portraits, qu'à peine à quatorze ans, dit-on, il fut choisi pour aller peindre à Londres une illustre dame française habitant momentanément cette ville. Simon Vouet travaillait avec une étonnante facilité. Il recueillit à Londres des sommes assez considérables et revint à Paris, où sa renommée attira chez lui une foule de personnes avides d'employer son talent. Peu de temps après, en compagnie du baron de Harlay de Sancy, notre ambassadeur près de la Porte, il partit pour Constantinople, où il se signala par un effort de talent dont le succès dépasse ses espérances. Admis avec la légation à l'audience solennelle d'Achmet I, dont la figure lui était inconnue, il examina si bien les traits du sultan, qu'il n'hésita pas un instant après à le peindre de mémoire. Le portrait fut jugé d'une ressemblance frappante. Les grands officiers de la Porte voulurent à leur tour être peints de la main du jeune Français. Mais Vouet, malgré les libéralités des seigneurs ottomans, s'ennuya de son séjour en Turquie, et vint à Venise, où les chefs-d'œuvre des grands maîtres vénitiens arrêtèrent ses pas.

Simon Vouet, heureux dans cette belle cité, consacrait la plus grande partie de son temps à étudier, d'après Paul Véronèse, dont il adopta d'abord la touche brillante et vigoureuse.... Le désir de visiter Rome lui fit quitter les bords de l'Adriatique, pour aller s'inspirer par la vue de chefs-d'œuvre nouveaux. Arrivé dans la capitale du monde chrétien, Vouet composa plusieurs grands tableaux dans la manière des Caravage, qui frappèrent l'attention du pape Urbain VIII. Ce pontife lui confia aussitôt des travaux d'embellissement pour les églises de Saint-Pierre et de Saint-Laurent. Vouet répondit parfaitement à son attente. Un voyage à Gênes lui procura la protection des Doria, qui lui payèrent généreusement leurs nombreux portraits de famille. A peine de retour à Rome, Vouet fut élu prince de l'Académie de Saint-Luc.

Cependant la France réclamait son artiste. Informé de sa réputation si justement acquise, Louis XIII lui avait déjà accordé comme encouragement 400 livres de pension et le pressait de revenir dans sa patrie. Vouet se rendit enfin aux instances du roi : il revint à Paris, où il reçut de toute la cour l'accueil le plus flatteur. Louis XIII, qui aimait la peinture, voulut prendre de lui des leçons de pastel. Vouet, logé au Louvre, fut bientôt nommé premier peintre du roi.

Accablé de travaux auxquels il ne pouvait suffire, peut-être aussi trop avide de gain et d'honneurs, Vouet s'écarta peu à peu de sa première manière, forte et savante, pour se livrer à une pratique expéditive qui altéra sensiblement la beauté de son coloris. Aussi la plupart de ses derniers tableaux sont-ils loin d'égaler les premiers. On cite cependant plusieurs belles toiles dont il décora vers ce temps-là même les églises de Saint-Eustache, de Saint-Merry, de Saint-Nicolas du Chardonnet, et celles des Carmélites de la rue Chapon et des Jésuites de la rue Saint-Antoine. Son *Saint-Paul*, pour les Minimes de la place Royale, obtint surtout les suffrages des connaisseurs. Mais ses chefs-d'œuvre sont une *Salutation angélique* et une *Présentation de Jésus au temple*. Ce dernier ouvrage, très-remarquable, est au musée du Louvre, qui possède aussi une *Réunion d'artistes*, *la Charité romaine*, un *portrait de Louis XIII*, *le Christ au tombeau* et une *Sainte-Famille*, de ce grand maître.

Indépendamment des plafonds, galeries et appartements qu'il décora de peintures à Saint-Germain-en-Laye, au Luxembourg, aux hôtels Bullion, Bretonvillers, Séguier, aux châteaux de Ruel, de Vindeville et de Chillon, Vouet fit aussi des dessins-modèles pour la tapisserie royale. Aidé par de nombreux élèves, il parvint à suffire à tous ces divers travaux. Mais tous ces ouvrages d'ornements, exécutés à la hâte, ont peu contribué à sa renommée. Un autre genre de gloire incontestable attendait Vouet. Il a initié aux arts cette foule d'artistes d'élite qui allaient après lui embellir de tant d'éclat le siècle de Louis XIV. De l'atelier de Vouet sont sortis : Lesueur, Le Brun, Mignard, Dufresnoy et quelques autres. Il a été enfin le chef d'une brillante école dont il a retiré plus de gloire que de ses propres travaux. Vouet peut donc être regardé comme ayant accompli aux dix-septième siècle l'œuvre que le respectable Vien devait accomplir un siècle plus tard ; tous deux peintres d'histoire, d'un ordre très-élevé, ont rendu à l'art d'éminents services en le faisant entrer dans la route du bon goût, et tous deux sous plusieurs rapports ont été surpassés par leurs élèves. Moins heureux que Vien cependant, dont la longue carrière ne fut troublée par le triomphe d'aucun rival, Vouet vit la fin de la sienne attristée par l'arrivée en France du grand artiste qui devait éclipser sa gloire, supplanter son crédit à la cour. C'était Nicolas Poussin, venu de Rome à Paris, à l'appel de Louis XIII. Si l'on croit certains écrivains, le monarque aurait dit en apprenant son arrivée : *Voilà Vouet bien attrapé !* et ce mot indiscret, parvenu à l'oreille de Vouet, l'aurait rendu jaloux de son illustre rival, auquel il n'aurait pu pardonner d'être le premier peintre de l'époque. Nous aimons à croire, pour l'honneur de Vouet, que ce sentiment de basse jalousie n'entra point si avant dans son âme. Pourquoi ces déplorables inimitiés qu'on rencontre trop souvent dans la vie des grands artistes ? Quoi qu'il en soit des sentiments de Vouet envers le peintre du *Déluge*, son mécontentement ne fut pas de longue durée. Six mois à peine après l'arrivée en France de Poussin, Simon Vouet terminait sa laborieuse carière (5 juin 1641). Son corps fut inhumé dans l'église de Saint-Jean-en-Grève.

Cet artiste compterait parmi les plus grands maîtres de l'école française s'il eût donné à tous ses tableaux un soin convenable comme à ceux qu'il fit en Italie et dans les premières années de son séjour en France. Il a laissé cependant assez d'œuvres remarquables pour qu'on lui assigne un des premiers rang parmi les peintres du second ordre. Outre ces productions mentionnées plus haut, on doit citer encore, parmi ses meilleurs ouvrages *le Martyre de sainte Catherine*, qu'on voyait autrefois à la galerie de Dusseldorf, *la Vierge* de Saint-Nicolas-des-Champs, et la belle composition du maître-autel de Saint-Eustache.

Le Guerchin.

(Ecole bolonaise.)

1590 — 1666

Jean-François Barbieri, dit le Guerchin ou Guercino, parce qu'il était louche de l'œil droit, des suites d'un accident, naquit à Cento près de Bologne, le 2 février 1590. On doit le regarder comme l'un des premiers peintres de l'école lombarde. Ses dispositions pour la peinture se développèrent dès l'enfance. A l'âge de dix ans, il avait déjà peint sur la porte de la maison paternelle une image de la Vierge Marie qui décela sa vocation. Des maîtres obscurs voulurent d'abord le diriger dans ses études, mais dès qu'il fut en état de reconnaître leur médiocrité, il prit la résolution de se perfectionner lui-même, et il puisa en quelque sorte dans son génie les principes de son art. La vue des tableaux de Louis et d'Augustin Carrache le décida à s'approprier ce que la manière de ces maîtres avait de grand et de vigoureux. Plus tard, il parut se rapprocher davantage des principes adoptés par le Caravage, et on lui reprocha à son tour de pousser trop souvent les ombres jusqu'à un degré de force rapproché du noir. Mais supérieur au Caravage sous le rapport de la correction, le Guerchin s'attachait surtout à donner à ses compositions un relief très-sensible. Disciple en ce point de Michel-Ange, aux yeux de qui la peinture la meilleure était celle tendant le plus au relief, il mérita d'être appelé par quelques auteurs *le magicien de la peinture italienne*.

Le Guerchin joignait dans le dessin la hardiesse à la correction, et ses compositions n'étaient point dépourvues de chaleur. Ce n'est cependant ni par la noblesse des formes, ni par le sublime de la pensée, que ce grand peintre est principalement digne d'admiration. Ce qui frappait le plus dans ses ouvrages, c'était l'imitation exacte de la nature. Il a été, dans cette partie de l'art, un des peintres les plus remarquables. On doit le citer aussi comme un des artistes qui ont fait preuve de plus de facilité. Nous n'en rappellerons qu'un exemple. Des religieux voulant avoir d'un jour à l'autre, pour le maître-autel de l'église de leur couvent, un tableau représentant le *Père éternel*, le Guerchin s'offrit à les satisfaire, et il peignit en effet ce grand ouvrage, dans l'espace d'une nuit, à la clarté des flambeaux, sans que la rapidité parût nuire à la beauté de l'exécution.

S'inspirant donc de la nature, et donnant ainsi plus de force et de fierté à ses tableaux qu'en mettant son génie dans les entraves de l'imitation, le Guerchin acquit une grande renommée. Une sorte d'académie qu'il fonda, l'an 1616, lui attira de nombreux élèves de diverses parties de l'Europe. Les honneurs venaient l'assaillir de tous les côtés. Le duc de Mantoue le créa chevalier. La reine Christine de Suède l'honora de sa visite, et lui tendit la main, *pour toucher*, disait-elle, *celle qui avait produit tant de chefs-d'œuvre*. Les rois de France et d'Angleterre s'efforcèrent de l'attirer à leur cour et voulurent le nommer leur premier peintre ; mais le Guerchin refusa de quitter l'Italie, et il aima mieux accepter un appartement dans le palais du duc de Modène. Il ne sortait jamais de son atelier, dit-on, sans être accompagné de plusieurs peintres qui le suivaient comme leur maître et l'aimaient comme leur père. Le Guerchin était en effet pour eux un père plus encore qu'un maître, qu'un ami. Il les assistait, dans le besoin, de ses conseils, de son crédit et de son argent. Ce grand artiste travailla extrêmement, mais il en fut richement récompensé. Il gagna des sommes considérables, mais il fit de ses richesses l'emploi le plus honorable : il les consacra entièrement à aider les artistes sans fortune, à doter ses neveux et ses nièces, à fonder des chapelles et des messes. Jamais personne n'eut à se plaindre de sa bonne foi. Tous les écrivains qui ont parlé du Guerchin ont fait l'éloge de ses qualités. Il demeura toute sa vie dans le célibat, et l'honora constamment par des mœurs régulières et pures. Doux, sincère, poli, charitable, pieux, il fut un modèle pour les chrétiens aussi bien que pour les peintres.

Jeunes artistes, jaloux de la renommée, de la gloire et de la possession de richesses honorablement acquises, nous n'hésitons donc pas à proposer le Guerchin comme un noble exemple à imiter. La vie de ce grand maître est féconde en enseignements : elle montre que la piété ne nuit en rien au génie, qu'elle le seconde au contraire merveilleusement, qu'on peut avec elle acquérir des biens, des honneurs ici-bas, qu'enfin, comme dit un apôtre, *la piété est utile à tout, ayant les promesses de la vie présente aussi bien que celles de la vie future* (1).

Le Guerchin était en effet doué d'une piété qui rehaussait l'éclat de toutes ses autres vertus. « La maison du Guerchin (à Canto, sa ville natale), telle qu'elle existe encore, atteste, dit un voyageur, une vie simple, modeste, laborieuse, qui inspire une sorte de respect. Ce grand artiste, véritablement né peintre, ce *magicien de la peinture*, comme on l'a surnommé, était aussi un

(1) Saint Paul.

homme pieux, modeste, désintéressé, charitable, excellent parent, dont les camarades et les premiers élèves étaient son frère et ses neveux.... Les *Notizie* offrent quelques détails intéressants sur la vie, les qualités et les pratiques de piété du Guerchin : jamais il ne voulut accepter de commande qu'un de ses confrères eût pu désirer ou demander. Il se levait de bonne heure, faisait une heure d'oraison, sortait pour entendre la messe et travaillait jusqu'au dîner ; afin de ménager le temps, il attendait, pour s'y rendre, que l'on eût servi ; il se remettait ensuite à peindre jusqu'au coucher du soleil ; il allait alors prier dans quelque église voisine, et rentrait dessiner jusqu'au souper. Quoique dans ses dernières années il eût renoncé à ce repas, il s'y trouvait pour tenir compagnie à sa famille (1).... »

On connaît du Guerchin plus de deux cent cinquante tableaux, dont plus de cent sont des tableaux d'autel. Il a aussi exécuté un assez grand nombre de *fresques*. Ses études de paysages sont fort estimées. Le nombre des dessins ou croquis qu'a laissés ce maître est si considérable qu'à sa mort on en trouva de quoi composer dix gros volumes. Admirant son étonnante fécondité, l'habile Tiarini, son ami, lui disait : « Seigneur Guerchin, vous faites tout ce que vous voulez ; nous ne faisons, nous autres, que ce que nous pouvons. » Louis Carrache, dans une de ses lettres, disait, en parlant du Guerchin, qui travaillait alors à l'académie *degli Desiderosi* : « Nous avons ici un jeune homme qui est un prodige ; je ne vous dis rien de trop. Ses ouvrages épouvantent nos plus habiles peintres. »

Les ouvrages du Guerchin sont à Rome, à Bologne, à Parme, à Plaisance, à Modène, à Reggio, à Milan, et enfin à Paris. Le musée du Louvre, outre plusieurs

(1) Valery, *Voyages en Italie*.

autres toiles de ce maître, possède un beau *Saint Jérôme s'éveillant au bruit de la trompette du jugement dernier*. Ses productions les plus célèbres sont : la *Sainte Pétronille* de la galerie du Capitole à Rome, dont la mosaïque, d'un admirable travail, décore la basilique de Saint-Pierre ; le dôme de la cathédrale de Plaisance ; *Saint Pierre ressuscitant Tabite*, un *Saint Antoine de Padoue*, *Coriolan et Véturie*, un *Saint Jean-Baptiste*, *la Vierge apparaissant à trois religieux*, *la Présentation au temple*, *David Abigaïl*, *les Enfants de Jacob lui montrant la robe ensanglantée de Joseph*, *la Mort de Caton d'Utique*, etc., etc.

Le Guerchin, par la force du coloris et la correction du dessin, a mérité d'être placé au premier rang de l'école lombarde. Par ses vertus, par sa piété, il mérite d'être proposé pour modèle aux peintres de tous les âges. Estimé, aimé, admiré de tous ses contemporains, comblé de richesses et d'honneurs que sa modestie lui faisait refuser, il atteignit ainsi paisiblement les jours de sa vieillesse. Le 24 décembre 1666, veille de Noël, cet homme de bien s'endormit dans le Seigneur avec une résignation et une piété rares. Il était âgé de soixante-seize ans. Il ne laissait point d'héritiers de son nom ; mais ce nom glorieux vivra toujours pour rappeler le souvenir d'un admirable talent joint aux plus belles vertus.

Poussin.

(Ecole française.)

1594 — 1665

Nicolas Poussin, le plus célèbre des peintres français, naquit aux Andelys en Normandie, au mois de juin

1594, d'une famille noble mais pauvre. Son père, gentilhomme originaire de Soissons, dont les services militaires sous Charles IX, Henri III et Henri le Grand avaient épuisé le modeste patrimoine, ne possédait plus qu'une pension médiocre : il en consacra une partie à l'éducation de son fils. Poussin, dès ses premières études, montra un goût très-vif pour le dessin ; bien que gourmandé par ses maîtres, il ne cessait durant les leçons de tracer avec un certain art des figures sur les marges de ses livres ou sur les murs de sa classe. Quentin Varin, peintre d'Amiens, fut le premier qui développa les germes de ce talent précoce. Poussin apprit de ce maître à peindre à la détrempe avec une prestesse et une facilité singulières. A dix-huit ans, il quitta la maison paternelle et vint à Paris, pour se perfectionner dans un art dont il reconnaissait déjà toutes les difficultés, mais qu'il aimait avec passion.

Un jeune gentilhomme du Poitou, amateur de peinture, accueillit Poussin et lui procura les moyens de s'instruire. Ferdinand Helle de Malines, et ensuite Lallemant, l'un peintre de portraits, l'autre peintre d'histoire, furent ses maîtres dans la capitale. Le jeune artiste sentit bientôt que de tels maîtres ne pouvaient le diriger longtemps. Aussi, à peine eut-il appris d'eux la manœuvre de l'art, qu'il les délaissa pour étudier Raphaël et Jules Romain, dont les estampes commençaient à se répandre en France. Un mathématicien du roi, logé au Louvre, possédait une belle collection de gravures et même de dessins originaux de ces deux maîtres. Par les soins du gentilhomme poitevin, Poussin put étudier à loisir ces précieux recueils. Ce fut véritablement là sa première école et la source où il puisa, suivant son historien Bellori, le lait de la peinture et la vie et l'expression.

Enflammé de l'amour du beau et sentant son génie s'agrandir, Poussin prit la résolution de partir pour Rome. Deux fois il tenta le voyage en Italie ; mais la pauvreté le contraignit toujours de s'arrêter en chemin, une fois à Florence, et plus tard à Lyon, où, après avoir abandonné gaiement à la fortune, comme il disait, son dernier écu, il resta jusqu'à ce qu'il eût acquitté en tableaux une dette contractée avec un marchand. De retour à Paris, il se remit à l'œuvre, se livrant à l'étude des sciences qui pouvaient fortifier son talent et orner son esprit. En 1623, les Jésuites de Paris célébrèrent la canonisation de saint Ignace et de saint François Xavier. A cette occasion, les écoliers de leur collége voulurent faire peintre les miracles de ces deux saints. Plusieurs peintres travaillèrent pour l'ornement de cette fête. Poussin, en moins d'une semaine, produisit six grands tableaux en détrempe qui furent préférés à ceux de tous ses concurrents. Ces peintures, où brillait déjà le génie poétique de notre grand artiste, lui firent le plus grand honneur et lui gagnèrent l'amitié du cavalier Marini. Il entreprit encore plusieurs ouvrages. Ses ressources pécuniaires augmentant avec sa réputation, il lui fut permis enfin de réaliser son voyage de Rome, l'objet constant de ses désirs.

Poussin, après avoir terminé pour la confrérie des orfèvres un tableau de la *Mort de la Vierge*, partit donc pour Rome, bien résolu cette fois d'y arriver ; il y arriva en effet au printemps de 1624, à l'âge de trente ans. Le cavalier Marini, son bienfaisant protecteur, l'y avait précédé. Le poëte recommanda son ami au cardinal Barberini, neveu du pape Urbain VIII. Mais quel fâcheux contretemps ! le cavalier Marini part pour Naples, où il meurt l'année suivante ; le cardinal part lui-même pour ses légations de France et d'Espagne. Voilà Poussin livré à lui-même, sans argent, sans connaissances, dans un pays tout nouveau pour lui, sans autre ressource enfin qu'un talent peu apprécié, parce que personne ne le faisait valoir. Réduit à un état de misère qui plongerait une âme faible dans le désespoir, pouvant à peine retirer de ses tableaux le prix des toiles et des couleurs, que deviendra notre artiste? Il se voit contraint un jour de donner deux grands sujets de *Batailles* pour sept écus chacun, tandis qu'un jeune peintre romain recevait pour la copie d'un *Prophète* le double de ce que Poussin avait obtenu pour l'original.

Et cependant Poussin était heureux! Il pouvait étudier l'antique et Raphaël. En compagnie de deux sculpteurs flamand et italien, Duquesnoy et Algarde, devenus ses amis, il s'en allait étudier les statues antiques et en faire de petits modèles en cire pour en enrichir ses tableaux. Ces premières années du séjour de Poussin à Rome, si laborieuses, si occupées, présentent un spectacle utile et instructif que les jeunes artistes ne sauraient trop méditer.

« Il s'attacha principalement, dit un biographe, aux beautés expressives.... De là cette disposition à rechercher dans l'antique ce beau idéal ou intellectuel, et en même temps moral, qui le portait à l'étude des sujets historiques les plus propres aux développements nobles et expressifs de la composition et du style. Quoique les figures antiques fussent regardées par lui comme la source des beautés où presque toutes celles de la nature avaient été fondues ou épuisées, elles n'offraient plus qu'un petit nombre d'attitudes et d'expressions déterminées. Il fallait les mettre en action, les diversifier, les disposer suivant les lieux, les temps, les mœurs, les usages, dans le vaste champ, soit profane, soit surtout sacré, que sa religion embrassait. Il dut suppléer à ce qui lui manquait pour compléter l'étude agrandie de l'art. Dans cette vue, il méditait partout et observait dans les villas, dans les places, dans les églises de Rome; il notait sur ses tablettes toutes les actions qui l'intéressaient et le frappaient le plus. Il remarquait les effets de l'optique et des autres phénomènes dans la nature, comme ceux de l'art dans les monuments et dans les ouvrages des grands maîtres. Il s'instruisait des théories de la perspective dans Matteo Zoccolini, de l'architecture dans Vitruve et Palladio, de la peinture dans Alberti et Léonard de Vinci. Il étudiait l'anatomie, non plus seulement dans Vésale, mais dans les dissections de Nicolas Larche ; le modèle vivant, dans l'atelier du Dominiquin, et pour l'élégance des formes, dans celui d'André Sacchi ;-enfin les plus beaux traits de poésie et d'histoire, dans Homère et Plutarque, et surtout dans la Bible.... »

A l'arrivée de Poussin à Rome, la peinture était déjà entrée dans sa période de décadence. On n'y suivait plus les grands principes posés par Raphaël et son école. Annibal Carrache et Michel-Ange Caravage étaient les chefs des deux partis qui se partageaient les suffrages. Poussin, dont les études spéciales avaient principalement pour objet le caractère moral et les affections de l'âme les plus propres à l'exprimer et à le développer, eut le courage de combattre la ligue formidable formée contre le bon goût et la pureté de l'art. Il ramena par son exemple l'attention de presque tous les artistes devant le *Martyre de saint André* et la *Communion de saint Jérôme*, du Dominiquin, et défendit cet illustre peintre contre les envieuses déclamations des Lanfranc, des Leonello Spada, des Lespagnolet et des autres ennemis de sa gloire.

Poussin, guidé par la prudence et la modération, évitait cependant de s'entre mêler dans les querelles d'artistes rivaux. Nullement exclusif, il louait dans les maîtres de chaque école ce qu'ils lui offraient d'estimable. Le Caravage seul lui paraissait dégrader la peinture par l'imitation affectée d'une nature vulgaire et basse, moins excusable encore en Italie qu'en Flandre. Un artiste aussi inoffensif que Poussin aurait-il dû rencontrer des ennemis ? Il en eut cependant. Vers ce temps-là, il fut un jour attaqué par des soldats, près de Monte-Cavallo, comme il regagnait son logis. Vainement se para-t-il de son portefeuille ; il reçut un coup de sabre entre le premier et le second doigt de la main droite, ce qui aurait pu faire éprouver un grand échec à l'artiste et à l'art. L'accident n'eut heureusement pas de suite. Peu de temps après, une maladie grave mit Poussin dans une plus grande gène encore. C'est alors qu'il fut recueilli et secouru par l'honnête famille de Jacques Duguet, son compatriote, chez lequel il recouvra la santé. Poussin, par reconnaissance, épousa, en 1629, une des filles de son hôte, Anna-Maria, qui l'avait soigné avec sa mère. Plus tard, privé d'enfants, il adopta l'un de ses jeunes frères, qui hérita de son nom comme de son talent dans le paysage (1).

Poussin employa la dot de sa femme à l'acquisition d'une petite maison sur le mont Pincius, voisine de celle de Salvator-Rosa et de Claude Lorrain, et d'où l'on jouissait des plus beaux aspects de Rome. C'est là qu'il reprit avec ardeur le cours de ses travaux. Le cardinal Barberini, revenu de ses ambassades, s'était empressé de le couvrir de sa protection. Plusieurs tableaux historiques lui furent commandés ; le premier dont on le chargea fut, dit-on, la *Mort de Germanicus ;* sujet grave et sévère où se révéla le grand talent de l'auteur pour la composition expressive et dramatique. Le cardinal Barberini demanda ensuite la *Prise de Jérusalem par l'empereur Titus.* Poussin peignit deux fois le même sujet avec un égal

(1) Gaspard ou Guaspre Poussin.

succès. Quelques tableaux de chevalet, tels que celui de la *Peste des Philistins*, furent vivement goûtés et propagèrent rapidement sa réputation. Le chevalier Cassiano del Pozzo de Turin, amateur célèbre, s'était déclaré l'ami, le protecteur de Poussin. L'artiste obtint par sa bienveillance la commande d'un grand tableau du *Martyre de saint Erasme*, destiné à être copié en mosaïque à la basilique de Saint-Pierre. Une telle faveur, accordée rarement aux étrangers, excita peut-être la jalousie de quelques nationaux. Poussin montra qu'il en était digne par son travail et sa persévérance ; il sut enfin forcer les Romains à admirer ses productions et à s'enorgueillir de le posséder dans leur ville. Quant au chevalier del Pozzo, son noble ami, il ne cessait d'occuper ou de recommander son talent. Il avait mis à sa disposition son cabinet d'antiques, ainsi que sa bourse pour ses avances et ses besoins. Poussin, d'un caractère généreux et reconnaissant, peignit pour son protecteur, avec tout le soin dont il était capable, la première suite des *Sept Sacrements*, belle et religieuse composition qui, multipliée bientôt par le burin de Jean Duguet, son plus jeune beau-frère, acheva de porter au loin la réputation de son savant auteur.

De Naples, de l'Espagne, de la France et d'autres contrées, Poussin recevait des commandes de travaux importants. M. de Créqui, ambassadeur de France à Rome et la duchesse d'Aiguillon occupèrent plus d'une fois son pinceau. Il peignit pour la galerie de M. de la Vrillière, secrétaire d'Etat, un *Camille renvoyant les enfants des Falisques ;* pour M. Gillier, attaché à M. de Créqui, un *Frappement du rocher; les Israélites recueillant la manne*, pour M. de Chanteloup ; *Renaud et Armide*, pour le peintre Jacques Stella, et un *Triomphe de Neptune*, pour le cardinal de Richelieu.

Cependant la renommée d'un peintre si justement

admiré à Rome s'était répandue à Paris. Le cardinal-ministre chargea Desnoyers, secrétaire d'Etat, d'engager Poussin à venir se fixer dans cette capitale pour orner de ses peintures la grande galerie du Louvre. L'artiste, moins ami des honneurs que de son repos, jouissant des douceurs d'une vie paisible quoique laborieuse, au sein de sa famille et de ses amis de Rome, se montra peu empressé de quitter ce séjour. Le souvenir de certaines intrigues dont son talent naissant avait été l'objet à Paris, joint à un secret pressentiment des ennuis et des tracasseries qui l'attendaient en France, excitait sa répugnance. « Qui se trouve bien ne bouge point, » disait-il. Informé de son refus, Louis XIII lui écrivit lui-même une lettre gracieuse où, le choisissant pour son peintre ordinaire, il l'assurait que ses services seraient considérés en France comme ses ouvrages et sa personne l'étaient à Rome. Une année entière s'écoula vainement encore. Poussin n'arrivait point. Enfin, M. de Chanteloup, étant venu à Rome, ramena son ami en France avec Gaspard Duguet, son beau-frère. C'était vers la fin de 1640.

Un carrosse du roi conduisit Poussin de Fontainebleau à Paris, au logement qui lui était destiné. Louis XIII accueillit très-honorablement l'illustre artiste à Saint-Germain et s'entretint longtemps avec lui. Ecoutons Poussin raconter lui-même quelques détails de son arrivée dans la capitale. « Je fus conduit le soir dans l'appartement que M. Desnoyers m'avait destiné. C'est un petit palais, car il faut l'appeler ainsi. Il est situé au milieu du jardin des Tuileries. Il est composé de neuf pièces à trois étages, sans les appartements d'en bas qui sont séparés ; ils consistent en une cuisine, la loge du portier, une écurie, une serre pour l'hiver, et plusieurs autres petits endroits où l'on peut placer mille choses nécessaires. Il y a, en outre, un beau et grand jardin, rempli d'arbres à fruits, avec une grande quantité de fleurs, d'herbes et de légumes; trois petites fontaines, un puits, une belle cour dans laquelle il y a quelques arbres fruitiers. J'ai des points de vue de tous côtés, et je crois que c'est un paradis pendant l'été. En entrant dans ce lieu, je trouvai le premier étage rangé et meublé noblement, avec toutes les provisions dont on a besoin, même jusqu'à du bois et un tonneau de bon vieux vin de deux ans. J'ai été fort bien traité pendant trois jours avec mes amis, aux dépens du roi. Le jour suivant, je fus conduit par M. Desnoyers chez le cardinal de Richelieu, lequel, avec une bonté extraordinaire, m'embrassa et, me prenant par la main, me témoigna d'avoir un grand plaisir de me voir (1). »

Au mois de mars 1641, le roi nomma Poussin son premier peintre ordinaire avec 3,000 livres de pension. Ainsi comblé d'honneur et de gloire, le savant artiste semblait pour toujours rendu à sa patrie. Mais déjà l'envie et le cabale s'attachaient à ses pas. Deux grands tableaux qu'il composa, l'un *l'Institution de l'Eucharistie*, pour la chapelle du château de Saint-Germain-en-Laye, l'autre *le Miracle au Japon de saint François-Xavier*, pour le noviciat des Jésuites, excitèrent la jalousie de Vouet et de ses élèves ou partisans. On ne pouvait pardonner à Poussin la supériorité de son talent. Une sorte de ligue se forma contre lui. On y vit entrer Jacques Fouquières, peintre de paysages, et l'architecte du roi Lemercier, chargés de la décoration de la galerie du Louvre, et dont Poussin, comme directeur de ces travaux, avait cru devoir rectifier les plans. Malgré le roi, malgré Richelieu, cette ligue sérieuse s'agitait et

(1) Lettre de Poussin, à Carlo Antonio del Pozzo, archevêque de Pise, frère du chevalier del Pozzo, son protecteur et son ami.

devenait formidable. C'en était trop pour un peintre paisible, uniquement livré à l'amour de son art. Poussin, abreuvé d'ennuis et de dégoûts, demanda un congé, sous prétexte d'aller chercher sa femme restée à Rome et de mettre ordre à ses affaires. Après deux années, il repartit donc pour l'Italie, avec Duguet, son beau-frère (septembre 1642). Poussin avait promis de revenir; mais la mort de Richelieu, celle de Louis XIII, la retraite de M. Desnoyers, son protecteur, le dégagèrent de sa parole. Il demeura à Rome, qui devint sa patrie d'adoption, et ne revit jamais la France.

Cependant Poussin, sur la terre étrangère, ne cessa point de travailler pour son pays. Par ce motif, et par les conseils que reçurent de lui Lesueur, Le Brun et Mignard, on peut dire qu'il fut le rénovateur principal de l'art sous Louis XIV. Ainsi mérita-t-il de conserver, sa vie durant, le titre et les honoraires de premier peintre du roi qui lui furent assurés par ce monarque. Il continua ses relations avec ses amis de France, surtout avec M. de Chanteloup, son généreux et constant protecteur : il n'y avait rien qu'il n'entreprît pour les servir. De retour à Rome, il reprit sa vie calme et laborieuse. Son génie fécond produisait chaque année de nouveaux chefs-d'œuvre. L'an 1643 vit paraître son tableau du *Ravissement de saint Paul*, qui lui avait été demandé par M. de Chanteloup, comme devant servir de pendant à la *Vision d'Ezéchiel* par Raphaël. L'année suivante, Poussin commença la deuxième suite des *Sept Sacrements*, qu'il termina en 1648. Puis parurent successivement le *Moïse sauvé des eaux*, la *Mort d'Eurydice*, l'*Enlèvement des Sabines*, la *Mort de Saphire*, la *Femme adultère*, *Eliézer et Rebecca*, les *Aveugles de Jéricho*, le fameux tableau des *Bergers d'Arcadie*, plusieurs *Saintes-Familles*, et toutes ces belles toiles enfin qui ont conquis à Poussin une gloire immortelle. Heureuse et fière de posséder les principaux chefs-d'œuvre de cet illustre peintre, la France lui pardonne volontiers son séjour hors de son sein. Ses œuvres, le principal ornement de notre musée du Louvre, montrent que dans les arts, comme en tout autre genre de gloire, il est dans les destinées de notre patrie de ne le céder à aucune autre nation.

Le *Déluge*, dernière production de Poussin et son plus bel ouvrage, figure l'*Hiver* dans les tableaux des *Saisons*, que l'artiste avait commencés en 1660 pour le duc de Richelieu (1). Arrêtons-nous un instant sur ce chef-d'œuvre de la peinture. Un espace assez circonscrit, un petit nombre de personnages ont suffi au génie de l'artiste pour donner une idée de la plus grande catastrophe du monde. « Le disque du soleil est obscurci, la foudre s'échappe du sein des nuages. Les eaux ont couvert des habitations dont on n'aperçoit plus que le faîte, et l'arche qui porte Noé et sa famille flotte dans le lointain au niveau des montagnes. Dans l'endroit où l'inondation forme entre des rochers une espèce de cascade, une barque se brise et va disparaître avec les malheureux qui s'y sont réfugiés. D'autres sont prêts d'être submergés avec leurs chevaux, des reptiles se glissent entre des rochers pour en atteindre le sommet : tout présente l'image d'une destruction universelle. Au milieu de tant d'objets sinistres, Poussin a placé un des plus sublimes épisodes. Une femme dans une barque, oubliant son propre péril, élève les bras vers son époux et lui présente son enfant au berceau, qu'elle espère encore sauver. Le père se

(1) Dans ces tableaux, dont chacun des sujets fait, d'une scène locale, une grande conception poétique et historique, le *Printemps* est figuré par Adam et Eve dans le paradis terrestre; l'*Eté*, par l'épisode de Booz et Ruth; l'*Automne*, par la grappe de raisin apportée de la terre promise; l'*Hiver* enfin, par le *Déluge*.

penche pour le saisir, mais la distance qui les sépare ne lui permet pas de l'atteindre : ses efforts sont inutiles. Un coloris sombre et mélancolique ajoute aux émotions profondes de terreur et de pitié que cette composition inspire. Plusieurs peintres ont traité le sujet du déluge, aucun de leurs ouvrages n'a pu soutenir la comparaison avec celui de Poussin. C'est un des chefs-d'œuvre de ce grand maître, et l'une des plus admirables productions de la peinture. »

Entre tous les peintres français, Poussin, par ses œuvres et par son caractère, brille au premier rang. Quel artiste a mieux senti la dignité de son art, l'a traité avec plus de sérieux, de noblesse, et a fait plus d'efforts pour en atteindre la perfection ? Avec quelle complaisance les regards ne s'arrêtent-ils pas sur cette vie grave, pleine, laborieuse et en même temps si simple au milieu des honneurs et de la gloire ! Une poésie douce, mélancolique, rayonne autour de cette existence écoulée presque tout entière au milieu des ruines de Rome et pourtant au profit de la France. Dans un siècle où tant d'artistes, méconnaissant la dignité de leur mission, rabaissent l'art jusqu'à n'être plus qu'une profession mercantile, de quelle utilité ne devrait pas être pour eux l'exemple de ce grand génie, orné de toutes les qualités du véritable artiste et de toutes les vertus qui font l'homme de bien !

C'est par une étude constante, assidue, de tous les instants, et en ne négligeant aucun moyen de s'instruire, que Poussin est parvenu à obtenir le premier rang parmi les peintres de notre pays. « J'ai souvent remarqué, dit le chartreux Bonaventure d'Argonne, heureux d'être du petit nombre d'amis qu'il admettait dans son atelier, le soin qu'il prenait pour la perfection de son art. A l'âge où il était, je l'ai rencontré parmi les débris de l'ancienne Rome et sur les bords du Tibre, dessinant ce qu'il remarquait le plus à son goût. Je l'ai vu aussi qui ramassait des cailloux, de la mousse, des fleurs et d'autres objets semblables, qu'il voulait peindre exactement d'après nature. Je lui demandai un jour par quelle voie il était arrivé à ce haut degré de vérité où il avait porté la peinture ; il me répondit modestement : « Je n'ai rien négligé. » Dans ses dernières années, Poussin diminuait le nombre de ses excursions, et se bornait souvent à des promenades sur le mont Pincius, où ses amis l'attendaient. Ses exercices étaient réglés, comme ses heures de travail, qu'il employait avec un courage toujours égal, bien que ses forces ne fussent plus les mêmes. Levé chaque jour de grand matin, il se promenait quelques heures, ou bien il jouissait, devant sa maison, de l'aspect de Rome et de ses collines ; ensuite il se mettait à peindre, sans interruption, jusqu'à midi : après dîner, il travaillait encore une heure ou deux ; et, le soir, il se rendait à ses promenades accoutumées, où des artistes, des étrangers, des personnes de tout rang, l'entendaient parler sur son art, sur la philosophie, sur l'histoire, avec un tel ordre, une telle raison, dit Bellari, l'un de ses auditeurs, qu'on aurait cru ses discours préparés et médités. Ses entretiens étaient graves et spirituels avec les savants, nobles et pleins de franchise avec les grands, affables et ouverts avec ses amis. On y retrouvait ce sens droit, cet intérêt moral qui attache tant dans ses ouvrages; enfin cette philosophie pratique qui lui faisait répondre à quelqu'un lui demandant quel fruit le plus doux il avait recueilli de son expérience : « Celui de savoir vivre avec tout le monde. »

La simplicité des manières et le désintéressement de Poussin, même aux plus beaux jours de sa gloire, sont admirables. Il vécut dans une honnête médiocrité, se souciant peu de la fortune et ne briguant jamais la faveur des grands, avec lesquels il sut toujours conserver son indépendance. Plus jaloux de la gloire que des richesses, il ne stipulait jamais de prix pour ses tableaux. Alors qu'on venait de toute l'Europe lui en demander, il les a toujours vendus au-dessous de leur valeur : il écrivait derrière son tableau la somme qu'il en voulait, et refusait ce qu'on lui envoyait au-dessus de son estimation. Sa maison était montée sur le pied le plus modeste. Un soir qu'il reconduisait lui-même, dans son escalier, la lampe à la main, le cardinal Massini, ce prélat ne put s'empêcher de lui dire : « Je vous plains beaucoup, M. Poussin, de n'avoir pas seulement un valet. — Et moi répondit Poussin, je vous plains beaucoup plus, Monseigneur, d'en avoir un si grand nombre. »

Cependant les veilles laborieuses de ce grand artiste avaient altéré sa santé; sa constitution, quoique robuste, s'était affaiblie par un long travail qui, en exerçant chez lui la sensibilité et la réflexion, épuisait ses forces. Une attaque de paralysie dont il avait été frappé lui faisait pressentir que sa fin n'était pas éloignée. Il ne peignait plus que rarement; sa main tremblante refusait d'obéir à son génie qui avait conservé toute sa vivacité. Le chagrin que lui causa la mort de sa femme, vers la fin de 1654, accrut ses infirmités. Dès le mois de janvier de l'année suivante, il mandait à son ami Félibien, qu'ayant depuis quelque temps abandonné ses pinceaux, il ne pensait principalement qu'à se préparer à la mort. « J'y touche du corps, » ajoutait-il. Poussin, qui avait vécu en homme de bien et en sage, l'attendit avec calme et résignation, en vrai philosophe chrétien. Après avoir reçu pieusement les sacrements de l'Eglise, cet homme illustre mourut le 17 novembre 1665, dans la soixante-douzième année de son âge. Son service funèbre, auquel assistèrent tous les peintres de l'académie de Saint-Luc, les artistes français, les amateurs des beaux-arts, nombre de seigneurs et cardinaux, fut célébré à Saint-Laurent *in Lucina*. Le voyageur français qui visite aujourd'hui cette église, s'arrête avec plaisir devant le touchant monument élevé sous ses voûtes, par les soins du plus illustre écrivain de notre siècle, à la gloire du plus illustre artiste dont s'honore la France (1).

Van Dyck.

(Ecole flamande.)

1599 — 1641

Antoine Van Dyck, l'un des plus grands peintres de l'école flamande, naquit à Anvers, le 22 mars 1599. Son père était un peintre sur verre, en grand renom dans cette ville; sa mère peignait elle-même le paysage et les fleurs; aussi partagea-t-elle avec son mari la tâche d'initier le petit Van Dyck aux premiers secrets de l'art. Ses parents ayant reconnu en lui une aptitude précoce et une vocation décidée, l'envoyèrent de bonne heure dans l'atelier de Van Palen. Van Palen avait visité l'Italie et étudié les maîtres anciens. Il donna d'excellentes leçons à l'enfant; celui-ci en profita si bien qu'à seize ans, n'ayant plus guère à apprendre de son maître, il sollicita et obtint l'honneur d'être admis dans l'école de Rubens.

Un des traits les plus curieux de l'enfance de Van Dyck, et les plus caractéristiques de son talent, est celui-ci, qu'on a diversement rapporté : « Rubens avait un atelier réservé dans lequel il permettait peu qu'on

(1) Chateaubriand, durant son ambassade à Rome. — Un autre monument a été élevé à Poussin, aux Andelys, sa ville natale.

entrât, et toutes les fois qu'il sortait, il en laissait la clef à un nommé Valvéken, son domestique de confiance. Mais les élèves étaient curieux, Valvéken n'était pas incorruptible, et dès que Rubens avait tourné les talons, son homme de confiance livrait le sanctuaire à l'indiscrétion des élèves, qui profitaient de cette connivence pour étudier, dans toutes leurs phases d'élaboration, les tableaux du maître. Un jour que Valvéken les avait introduits, selon son habitude, dans l'atelier réservé, ils se pressaient autour d'un tableau que Rubens avait au chevalet : c'était la fameuse *Descente de croix* d'Anvers; tous voulaient voir à la fois; ils se disputaient les places avec une telle pétulance que l'un d'eux, Diepenbeke, poussé violemment par ses camarades, vint tomber sur la toile, et effaça, dans sa chute, le bras de la Madeleine, le menton et une joue de la sainte Vierge. L'accident était d'autant plus grave que les parties effacées étaient précisément finies. Que faire? que devenir? comment avouer à Rubens cette terrible nouvelle? comment la lui cacher? A défaut d'autre expédient, on parle déjà de se sauver pour éviter la colère du maître, lorsque Van Hoek, l'un des jeunes gens, dit : « Mes amis, il faut, sans perdre de temps, risquer » le tout pour le tout; nous avons encore environ trois » heures de jour : que le plus capable de nous prenne » la palette et tâche de réparer ce qui est effacé. Pour » moi, je donne ma voix à Van Dyck, le seul de nous » en état de le faire. » L'avis fut unanimement goûté; Van Dyck, tremblant, essaya en vain de décliner ce dangereux honneur; entouré, sollicité de toutes parts, il dut enfin céder et se mettre à l'œuvre. Le lendemain, Rubens conduisit ses élèves devant sa *Descente de croix*, et désignant avec satisfaction le travail de Van Dyck, « Ce n'est pas là, leur dit-il, ce que j'ai

» fait de plus mal hier. » Cependant, en y regardant de plus près, Rubens s'aperçut qu'une main étrangère avait passé par là, et apprit tout ce qui était arrivé la veille. Au dire de quelques biographes, il effaça tout; mais nous aimons mieux croire, avec les autres, qu'il laissa subsister la restauration de son habile élève. »

Rubens, ayant bien vite reconnu la supériorité de Van Dyck, le prit en vive affection et le fit travailler à ses toiles, de préférence à tout autre. On a prétendu que Rubens devint jaloux de son élève, et que, redoutant un rival, il lui conseilla d'abandonner l'histoire pour le portrait. On a dit aussi que, pour l'éloigner, il lui conseilla de faire le voyage d'Italie. Mais pourquoi les historiens cherchent-ils ainsi à dénigrer les sentiments des grands hommes? Van Dyck continua si bien de peindre l'histoire, après avoir quitté l'école de Rubens, que l'on a compté de lui jusqu'à 77 tableaux dans ce genre. Quant au voyage d'italie, c'était un conseil que donnait Rubens à tous ses élèves d'une grande espérance. Avant de partir, Van Dyck, voulant laisser à son maître un souvenir de reconnaissance affectueuse, lui fit un hommage de plusieurs tableaux, entre autres d'un *Ecce homo* et d'un *Christ au jardin des Oliviers.* Rubens plaça ces toiles dans les principales pièces de ses appartements; il les louait avec un enthousiasme sincère et les montrait avec orgueil, ainsi qu'un portrait de sa femme, également dû au pinceau de Van Dyck. Il offrit à son tour à son élève, comme souvenir, avec une bourse amplement garnie, l'un des plus beaux chevaux de son écurie.

Van Dyck partit donc pour l'Italie. Chemin faisant, il s'arrêta au village de Saventhem, près de Bruxelles, où il composa, pour l'église paroissiale, *la Charité de saint*

Martin et *la Famille de la sainte Vierge*. Dans le premier de ces tableaux, l'une des meilleures compositions de l'auteur, et qu'on voit encore à l'église de Saventhem, il se peignit lui-même sur le cheval dont Rubens lui avait fait présent ; le bedeau de la paroisse lui servit de modèle pour le mendiant. Le second tableau, *la Famille de la Vierge*, a disparu, sans qu'on ait pu savoir jamais ce qu'il était devenu.

Van Dyck se rendit d'abord à Venise, où il étudia les grands coloristes de cette école. Déjà digne lui-même d'être compté parmi les grands maîtres, il ne dédaigna pas de copier des ouvrages du Titien et de Paul Véronèse. Il travailla ensuite à Gênes, à Rome, à Naples et en Sicile. Il revint à Gênes, où il séjourna assez longtemps pour peindre les portraits des principaux personnages de cette république. C'est là qu'il donna des leçons au peintre génois Benedette. Tout entier alors à l'étude, Van Dyck se vit, dit-on, déprécié, persécuté même dans cette ville, par de jeunes artistes, ses compatriotes, moins jaloux de sa renommée qu'offensés de ce qu'il refusait de partager leur vie libertine. Revenu dans sa patrie avec un talent mûri par l'étude réfléchie des bons modèles, Van Dyck se fit admirer par un tableau d'une grande dimension : *Saint Augustin en extase*. C'est vers cette époque qu'il peignit son célèbre tableau du maître-autel de la collégiale de Courtrai : *le Christ élevé en croix*. On connaît l'histoire de son différend avec les chanoines, qui, trouvant la peinture détestable, proclamèrent le peintre un misérable barbouilleur et ne consentirent qu'avec beaucoup de peine à lui payer le prix convenu. Cependant quelques amateurs, passant par Courtrai, virent le tableau avec admiration : leur récit attira les curieux des diverses villes de la Flandre, et les bons juges décidèrent que c'était le chef-d'œuvre de Van Dyck. Leur jugement a été ratifié par la postérité.

Fatigué des tracasseries que lui suscitait la jalousie de ses rivaux, Van Dyck abandonna des travaux commencés, et se rendit à la Haye, où il peignit le prince d'Orange, toute sa famille, les seigneurs de la cour et une foule de personnages de distinction qui venaient exprès à la Haye pour avoir leur portrait de sa main. Il s'embarqua pour l'Angleterre, où il fit quelques tableaux dignes de lui, mais où son talent fut mal apprécié. Il vint aussi en France, où il paraît qu'il fut à peine remarqué. De retour à Anvers, il fit pour les capucins de Dendermonde un crucifix, qu'on regarde comme un chef-d'œuvre. Il composa encore plusieurs tableaux d'histoire. Cependant l'Angleterre se repentait d'avoir reçu si froidement l'illustre artiste. Un monarque ami des arts, Charles Ier, le pressa vivement de repasser le détroit. Van Dyck se rendit à ses instances et revint à Londres, où son retour fut un véritable triomphe. Le roi lui fit l'accueil le plus flatteur, le combla d'honneurs et de présents. Les seigneurs de la cour, tous les gens notables de Londres voulurent avoir leur portrait. Surchargé de demandes, Van Dyck fut dès lors obligé de se borner à ce genre de peinture. Mais il renonça si peu au genre historique, qu'il fit un second voyage en France pour obtenir les peintures de la galerie du Louvre. Il y trouva le Poussin, venu de Rome pour cette entreprise, et son but étant manqué, il retourna à Londres. Où pouvait-il, d'ailleurs, mieux qu'en Angleterre amasser une fortune considérable? Un mariage très-illustre que lui fit contracter le duc de Buckingham, avec la fille de lord Ruthwen comte de Gorre, le lia aux principales maisons de la Grande-Bretagne. Les honneurs, la fortune venant à lui de toutes parts, Van

Dyck vivait à Londres avec une somptuosité dont les annales des arts n'offrent que de rares exemples. Il tenait table ouverte avec un nombreux domestique, ouvrait sa bourse à ses amis ou à ceux qui se donnaient pour tels. Des musiciens à sa solde égayaient par leurs accords les festins délicats qu'il offrait à ses joyeux convives. L'extrême prodigalité de l'heureux artiste, augmentant ses dépenses, lui fit chercher les moyens de les réparer : il donna dans les prestiges des alchimistes. Mais dupe, hélas ! de ces imposteurs, il vit s'évaporer dans les creusets l'or que lui procuraient ses ouvrages. Telle était cependant sa richesse, que, malgré l'excès de ses profusions, sa veuve recueillit encore une somme considérable des débris de sa fortune.

Ce grand artiste, à peine âgé de quarante-deux ans, épuisé de fatigues et de plaisirs, tomba dans une espèce de phthisie qui le conduisit au tombeau. Il mourut à Londres, le 9 décembre 1641, vivement regretté des admirateurs de son rare talent. Ses obsèques se firent avec la plus grande pompe. Un superbe mausolée fut élevé à sa mémoire dans la basilique de Saint-Paul, et le poëte Cowley fut chargé de composer son épitaphe.

On ne peut comprendre qu'un artiste mort si jeune ait laissé un si grand nombre d'ouvrages. L'historien Descamps, dans sa vie de Van Dyck, indique les sujets de soixante-dix-sept tableaux d'histoire peints par ce peintre qui en a fait bien davantage. Quant au nombre de ses portraits, il est pour ainsi dire incalculable. Accablé de demandes en Angleterre, il s'était fait, dans les derniers temps, une manière expéditive et plus négligée qui lui permettait de suffire à toutes. Il ébauchait un portrait le matin, retenait à sa table la personne qui se faisait peindre, et terminait l'après-dînée. Des peintres à sa solde s'occupaient des accessoires, qu'il finissait ensuite en quelques coups. Considéré comme peintre de portraits, on ne peut refuser à Van Dyck le premier rang après le Titien. On ne se lassera point d'admirer la collection des artistes de son temps, dont il s'est plu à reproduire gratuitement les traits; hommage qu'il rendait à l'art en perpétuant le souvenir de ceux qui l'honoraient comme peintres d'histoire. Si l'on ne place pas Van Dyck au même rang que Rubens, on avoue qu'il l'a surpassé par la délicatesse des teintes, par la belle fonte des couleurs, et qu'à tout prendre il l'a quelquefois égalé. Avec moins de fougue, moins d'abondance de génie, il avait des expressions plus fines, un meilleur caractère de dessin, plus de vérité dans la couleur. Par la réunion des belles qualités qu'il possédait, il eût peut-être surpassé son maître, s'il eût vécu plus longtemps, et s'il n'eût été trop souvent distrait du genre de l'histoire qu'il peignait d'une grande manière.

Le musée du Louvre possède plusieurs tableaux de Van Dyck et un grand nombre de portraits. Le *Saint Sébastien percé d'une flèche qu'un ange retire*, suffit pour rendre témoignage aux talents de l'auteur. Parmi les admirables compositions de ce maître, on doit citer encore un *Couronnement d'épines*, et le *Christ en croix*, de l'église Saint-Michel de Gand, remarquable par la sublime expression de la tête de la Vierge Marie.

Philippe Champagne.

1602 — 1674

Nommer Philippe Champagne, c'est rappeler le grand artiste qui joignit à toutes les vertus de l'homme de bien, celles du véritable philosophe et du fervent chrétien. Ce peintre, qui occupe une des premières places parmi les maîtres de l'école flamande, semble néanmoins appartenir plutôt à la France, où il travailla presque constamment. Il décora de ses tableaux la plupart des églises de Paris, et notre musée du Louvre est riche encore en chefs-d'œuvre de son chaste pinceau. Pourquoi donc n'assignerait-on pas à cet estimable artiste un rang honorable à côté des Lesueur, des Poussin, des Vouet, des Vien, et autres illustres maîtres de l'école française ?

Philippe Champagne naquit à Bruxelles, en 1602, de parents d'une fortune médiocre, auprès desquels il puisa de bonne heure les vifs sentiments de religion qu'il se fit toujours gloire de conserver. Dès son enfance, il témoigna un penchant très-décidé pour la peinture : Feuquières, paysagiste habile, l'ayant pris en affection, lui donna des leçons de son art. A dix-neuf ans, Philippe, déjà tourmenté du désir de visiter l'Italie, vint à Paris pour s'y procurer, par son talent, les moyens de réaliser son projet. Après avoir fait quelques portraits, et travaillé ensuite chez un peintre nommé Lallemand, aujourd'hui inconnu, il eut le bonheur de rencontrer Poussin, dont les savants conseils lui furent fort utiles. Le grand artiste, un peu plus âgé que Champagne, aspirait lui aussi vers la patrie des arts. Mais après avoir tenté d'y pénétrer, comme on l'a vu ailleurs, il avait été forcé par sa mauvaise fortune de rebrousser chemin sans avoir pu arriver jusqu'à cette Rome dont le séjour était l'objet de tous ses vœux. Les deux artistes devinrent bientôt amis. Mais avant qu'ils parvinssent à l'heureux sort dont ils étaient dignes, le génie de l'un et les talents de l'autre avaient encore à éprouver les atteintes de l'adversité.

Duchesne, artiste médiocre, était alors peintre de la reine-mère Marie de Médicis, et chargé, en cette qualité, des peintures du Luxembourg. Poussin et Champagne furent obligés de travailler sous lui; tandis que quelques petits ouvrages dans les lambris étaient la tâche de Poussin, Champagne peignait les tableaux de l'appartement de la reine. La jalousie est trop souvent le partage de la médiocrité. Duchesne s'irrita de ce que les œuvres de Champagne avaient plu à la reine. Celui-ci, d'un caractère doux et timide, prit le parti de s'en retourner à Bruxelles. Mais à peine y est-il arrivé, qu'il reçoit du surintendant des bâtiments la nouvelle de la mort de Duchesne et l'invitation de revenir en France. Champagne, de retour à Paris, obtint aussitôt de la reine un logement au Luxembourg, la direction des peintures de ce palais et une pension de 1200 livres.

La fortune souriant dès lors à notre artiste, il se livra sans relâche à un travail assidu qui lui fit enfanter chaque année de nombreux tableaux, tous remarquables par la noblesse, la pureté ou la sainteté des sujets. Il peignit six tableaux pour les Carmélites de la rue Saint-Jacques, et de plus, à la voûte de l'église, ce fameux Crucifix, chef-d'œuvre de perspective, qui, peint sur un plan horizontal, paraissait perpendiculaire aux yeux même les plus exercés. Avec la permission de la reine, il travailla aussi pour le cardinal de Richelieu; mais il refusa constamment les offres les plus brillantes du puissant ministre pour l'engager à quitter cette princesse et à ne travailler désormais que pour lui. Champagne se contenta de répondre au premier valet de chambre du cardinal, chargé un jour de renouveler ses instances: « S'il était possible à Son Eminence de me rendre plus habile peintre que je ne suis, je n'ambitionnerais que d'entrer à son service; mais cela surpassant le pouvoir du cardinal, je n'aspire qu'à l'honneur de ses bonnes grâces. » Frappé des sentiments généreux qu'annonçait cette réponse, Richelieu ne put s'empêcher de louer l'artiste et de l'en estimer davantage.

Philippe Champagne, dont la réputation solidement établie croissait de jour en jour, eut occasion de composer un grand nombre d'ouvrages. Les plus importants furent le dôme de la Sorbonne, où il peignit les *Quatre Pères de l'Eglise;* le *Vœu de Louis XIII*, que l'on voyait à Notre-Dame; trois grands tableaux pour l'église de Saint-Gervais, dont deux sont aujourd'hui au musée du Louvre (1); la *Cérémonie des chevaliers du Saint-Esprit*, pour l'église des Grands-Augustins, etc.

Cependant le malheur, qui frappe si souvent les hommes les plus vertueux, venait d'atteindre Philippe Champagne. Il avait perdu presque en même temps sa femme et son fils. Pour distraire sa douleur, il fit un voyage à Bruxelles, où il peignit pour l'archiduc Léopold un tableau dont le sujet, inspiré peut-être par la situation où il se trouvait, représentait *Adam et Eve pleurant la mort d'Abel*.... Il restait à l'artiste une fille sur laquelle il concentra toutes ses affections. Quand plus tard cette unique enfant prit le voile chez les religieuses de Port-Royal, le pieux artiste offrit à Dieu, sans murmurer, ce nouveau sacrifice. Il continua d'aimer sa fille, près de laquelle il viendra plus tard demeurer pour lui témoigner de plus près cette tendresse paternelle qui lui a inspiré son plus magnifique tableau.

De retour à Paris, Champagne fut élu professeur et ensuite recteur de l'Académie. Jouissant d'une haute répu-

(1) 1° *Saint Ambroise, archevêque de Milan, étant en oraison la nuit dans son église, saint Gervais et saint Protais lui apparaissent et lui révèlent le lieu de leur sépulture.*

2° *Saint Ambroise fait transporter en grande pompe les corps des deux saints à la cathédrale de Milan.*

tation, il allait sans doute recevoir comme récompense de ses talents le titre de premier peintre du roi, lorsque Lebrun, arrivant d'Italie, lui enleva cet honneur. Champagne, reconnaissant tout le mérite et la supériorité de son rival, eut le bon esprit de ne point se plaindre et de n'en être point jaloux. Il venait de donner une autre preuve de modération et de désintéressement en se laissant enlever, sans murmurer, par Simon Vouet, *la Galerie des hommes illustres*. Son caractère doux et facile, fruit de sa grande piété, lui fit supporter avec sérénité ces contradictions qui auraient irrité tant d'autres artistes. Averti d'ailleurs par quelques infirmités de l'approche de la vieillesse, Champagne n'eut pas de peine à se décider à la retraite. Se dérobant aux honneurs, à la fortune, il choisit pour asile Port-Royal, où sa fille chérie s'était consacrée à Dieu. Le pieux artiste n'abandonna point cependant ses pinceaux, et il consacra à son tour plus spécialement au service de ce même Dieu l'admirable talent qu'il en avait reçu.

Un des plus beaux tableaux de notre musée du Louvre est celui dit *des Religieuses*, touchant *ex-voto* de l'amour paternel. La fille du peintre, réduite à l'extrémité par une fièvre continue de quatorze mois, abandonnée des médecins, s'était mise un jour en prières avec une de ses compagnes et avait aussitôt recouvré la santé.... Pour conserver la mémoire de cette guérison miraculeuse, le pieux Champagne, à l'âge de soixante ans, composa son plus bel ouvrage. Dans ce tableau de la plus noble simplicité, ce n'est plus l'artiste habile mais un peu froid, dont les compositions laissent toujours quelque chose à désirer. La figure de la jeune fille est une de ces productions saintes, sublimes, qu'il suffit d'avoir vue une seule fois pour ne jamais l'oublier. On sent qu'ici le cœur du père a dirigé le pinceau de l'artiste et lui a fait produire un chef d'œuvre d'expression et de sentiment.

L'*Apparition de saint Gervais et saint Protais à saint Ambroise*, l'un des meilleurs ouvrages de Champagne, est un de ceux où il a le mieux prouvé sa science dans les principales parties de l'art. Le musée du Louvre possède d'autres tableaux précieux de ce grand peintre : le *Portrait d'Arnaud d'Andilly*, celui de Champagne lui-même, l'*Apôtre saint Philippe*, une *Cène*, où l'on prétend que l'artiste a peint, sous les traits des apôtres, les portraits des plus célèbres solitaires de Port-Royal, Antoine Lemaître, Arnaud d'Andilly, Pascal, et enfin le *Repas chez Simon le Pharisien*, l'un de ses meilleurs tableaux.

Champagne a laissé une multitude de morceaux estimés, qui ornaient les maisons royales, les principaux monuments publics et les églises, non-seulement de Paris, mais de plusieurs villes de France. Son assiduité au travail lui avait donné une facilité surprenante. Les marguilliers d'une église de Paris lui ayant demandé, ainsi qu'à plusieurs autres artistes, des dessins pour un tableau de saint Nicolas, Champagne peignit le tableau même qu'il plaça dans la chapelle, au grand étonnement de ses rivaux. Au reste, cet ouvrage fait si promptement n'était pas à l'abri de la critique ; on le fit sentir à Champagne, en lui demandant *combien il vendrait un cent de Saint Nicolas*. Extrêmement laborieux, Champagne exigeait de ses élèves une grande assiduité. Il se levait ordinairement à quatre heures du matin ; et lorsqu'il avait employé toute la journée au travail, il dessinait encore le soir à l'académie. Outre ses tableaux d'histoire, Champagne a fait un grand nombre de portraits parfaitement bien peints, dont on louait l'exacte ressemblance. Louis XIII, la reine mère, le cardinal de Richelieu, et les principaux personnages de la cour, exercèrent souvent ses pinceaux.

A toutes les qualités d'un grand peintre, Champagne joignait une douceur, une modestie, une simplicité de mœurs et de caractère qui lui attirèrent l'estime et l'amitié de tout le monde. Une extrême décence guida toujours ses pinceaux. Il eût rougi de les employer à peindre des nudités. L'art n'y a rien perdu, ni la gloire de Philippe Champagne. Plein de respect pour le jour du Seigneur, le pieux artiste ne peignait point le dimanche. Il refusa obstinément de faire le portrait de la fille d'un de ses amis qui allait entrer au couvent, parce qu'il aurait fallu la peindre ce jour-là. Dans un temps où de pareils exemples sont si rares, il est bon de rappeler ces traits d'un artiste éminemment chrétien. Heureux celui qui sait ainsi honorer son art, respectant avant tout la loi de Dieu et le témoignage de sa conscience !

Champagne mourut à soixante-douze ans, le 12 août 1674. S'il ne fut point un génie de premier ordre, admirons du moins en lui un très-habile artiste, digne d'occuper une des premières places parmi les peintres de l'école flamande ou parmi ceux de l'école française, suivant que l'une ou l'autre revendique pour elle l'honneur de le compter dans ses rangs.

Lesueur.

(Ecole française.)

1617 — 1655

Eustache Lesueur, surnommé le Raphaël français, et sans contredit le peintre le plus *véritablement religieux* de notre école, naquit à Paris l'an 1617. Fils d'un sculpteur peu connu, il montra, dès l'âge le plus tendre, un penchant irrésistible pour le dessin (1). Après quelques essais qui firent bien augurer de son aptitude, il sollicita et obtint de son père d'être admis dans l'atelier de Simon Vouet, où il eut pour condisciples Pierre Mignard et Charles Lebrun.

Simon Vouet, premier peintre du roi, jouissait alors d'une grande réputation. Après avoir étudié longtemps en Italie, il était revenu en France, précédé d'une brillante renommée, qu'il sut soutenir toute sa vie. Mais comme Pérugin, il devait être moins célèbre par son propre mérite que par celui de ses élèves. Au milieu de ses nombreux condisciples, Lesueur se fit bientôt remarquer par son extrême facilité et son jugement solide. Il devint presque aussitôt l'émule de son maître avec lequel il partageait les nombreux tableaux commandés à cette époque par Richelieu au premier peintre du roi. Mais il ne tarda pas à le surpasser par le talent de l'expression, lorsque la vue de quelques ouvrages de Raphaël vint ravir le jeune peintre, qui prit dès lors pour unique guide ce prince de la peinture. La Providence semble l'avoir destiné en effet à faire revivre parmi nous, après plus d'un siècle, la mémoire de Raphaël. Comme le peintre d'Ombrie, il avait une physionomie fort douce, des manières nobles et agréables, une extrême sensibilité. Comme Raphaël, Lesueur excella par la grâce et l'expression, sans rien ôter à la dignité qu'il mettait dans les sujets religieux. Pourquoi faut-il que la destinée de ces deux génies ait été encore la même dans leur mort prématurée.

(1) M. de Montalembert va sans doute trop loin quand il dit que « depuis les *enlumineurs* de nos vieux missels, la France n'a pas compté un peintre religieux, *sauf le seul Lesueur*, venu du reste, ajoute-t-il, à une époque qui rend sa gloire doublement belle. »

Mignard et Lebrun, après avoir quitté l'atelier de Vouet, étaient partis pour Rome. Lesueur les eût sans doute accompagnés avec joie. Privé de ressources et de protecteurs, il dut rester à Paris ; jamais il ne sortit de France. Cette nécessité, a-t-on dit, fut pour lui un avantage. Il eût été trop exposé à perdre dans la contemplation des chefs-d'œuvre italiens la naïveté et pour ainsi dire la fleur de son génie. Pourquoi ne pas regretter au contraire que ce grand peintre n'ait pu suivre au delà des monts ses heureux condisciples ? Si Poussin et Claude Lorrain ont su rester eux-mêmes au milieu de Rome où ils ont presque toujours vécu, ne doit-on pas croire que Lesueur, plus délicat, plus tendre, mais non moins inférieur en persévérance et en vigueur d'âme, y aurait conservé son originalité ? Combien sa nature douce, aimante, eût été profondément émue devant la touchante simplicité des maîtres du quatorzième et du quinzième siècle ! De quel heureux enthousiasme n'eût-il pas été transporté devant les pures et presque divines inspirations de frère Angélique, du Pérugin et de Raphaël adolescent ! Quelles ineffables jouissances n'a-t-il pas perdues ! Quelles pénibles recherches, quelles anxiétés douloureuses ces modèles sublimes lui eussent peut-être épargnées !

A défaut de ces ressources, Lesueur se forma par l'étude des statues antiques, par celle des tableaux de Raphaël qui se trouvaient à Paris, et par les estampes gravées d'après les plus célèbres ouvrages.

A vingt-trois ans, Lesueur eut le bonheur de rencontrer Poussin, que Louis XIII venait d'appeler en France. A peine eut-il connu ce maître, d'une si haute intelligence et d'un caractère aussi noble que son talent, qu'il comprit où était la véritable tradition de l'art. Il s'attacha donc à lui, et l'on vit bientôt se former entre Poussin et Lesueur une intimité rare et charmante. Jusque-là,

Lesueur ne s'était fait connaître que par ses compositions de sujets romanesques, destinées à être exécutées en tapisseries, et tirés du *Songe de Poliphise* (1). Reçu maître à l'ancienne académie de Saint-Luc, il peignit pour son œuvre de réception un *Saint Paul imposant les mains aux malades*, tableau plein d'expression qui attira l'attention de Poussin. L'illustre maître se fit un plaisir d'encourager et de protéger le jeune artiste. Malheureusement Poussin séjourna peu de temps à Paris. Mais, de nouveau fixé à Rome, il se plut à entretenir une correspondance avec Lesueur; il lui envoya souvent des dessins faits à son intention d'après l'antique, et il en prenait occasion de lui adresser d'excellents conseils. Il lui avait laissé d'ailleurs à Paris comme une partie de lui-même, en le recommandant à son ami Philippe Champagne, cet artiste bon et généreux dont nous avons rappelé le talent et les vertus.

Vers l'âge de vingt-six ans, Lesueur épousa la sœur d'un de ses amis, jeune fille douce et pieuse, mais faible de santé et, comme lui, sans fortune. Sans autre ressource que son travail, et par la simplicité et la candeur de son caractère peu propre à se produire à la cour, il se vit obligé, pour soutenir son ménage, de dessiner des thèses de théologie, des frontispices de livres, et de peindre des portraits de Vierge en médaillon pour des religieuses. Pendant cette même période de sa vie, il peignit quelques sujets moraux ou allégoriques pour Anne d'Autriche et Mazarin, et divers tableaux dans la manière de Poussin, entre autres le *Moïse sur les eaux*, l'*Agar*, la *nuit des noces de Tobie*, la *Reine de Saba et Salomon*, la *Confiance d'Alexandre*, et plusieurs *Saintes-Familles*. Ces tableaux, transportés depuis en

(1) *Le Songe de Poliphise*, livre singulier, inintelligible, écrit en italien, par François Colonna, religieux jacobin du XVe siècle.

Angleterre, appartiennent à divers personnages de cette contrée.

Le modeste et laborieux artiste vivait ainsi dans une demi-obscurité, lorsque enfin, en 1645, une occasion imprévue s'offrit à lui de faire apprécier son talent par une œuvre capitale. Les Chartreux de Paris, occupés de restaurer leur petit cloître, lui demandèrent de peindre sur les murailles la *Vie de saint Bruno*. On ne lui promettait qu'un modique salaire, et on exigeait une célérité d'exécution presque décourageante. Lesueur, alors âgé de vingt-huit ans, ne se rebuta point ; mais, soutenu par l'espoir de la gloire, aidé de ses trois frères et de son beau-frère, il se mit à l'œuvre avec ardeur. Dans l'espace de moins de trois ans, il peignit, dans le cloître des Chartreux, vingt-deux tableaux représentant la *Vie de saint Bruno*, son chef-d'œuvre, et sans contredit, du moins au point de vue chrétien, la plus admirable production de la peinture française.

Arrêtons-nous un instant devant cette œuvre capitale et sainte qui assure à notre Lesueur une glorieuse immortalité. Quel peintre a jamais mieux que lui su faire passer sur la toile les touchantes mélancolies de la vie contemplative ? Quelle vérité dans les formes, les contours, les draperies qui recouvrent tous ces pieux cénobites ! Mais quelle vérité surtout dans ces visages, pâles et amaigris, où, avec une sensibilité calme, brille en même temps la foi la plus vive ! A la vue de ces chefs-d'œuvre de la vraie peinture chrétienne, ne se croit-on pas transporté dans le cloître ou dans les cellules des enfants de saint Bruno ? Ne vous semble-t-il pas, au calme, à la sérénité qui s'empare de votre âme, vivre un instant au milieu de ces hommes, étrangers aux passions, détachés de la terre, et qu'on dirait prêts à s'envoler vers un monde meilleur !

Ces vingt-deux tableaux excitèrent d'abord un sentiment de surprise encore plus que d'admiration. Cette simplicité, cette absence complète de recherche et d'apparat, étonnèrent étrangement, à une époque où les ouvrages d'un genre tout contraire étaient généralement compris et goûtés. L'étonnement était respectueux néanmoins devant une œuvre si capitale ; la foule l'admirait sans la comprendre. « On louait la grande facilité de l'artiste, dit un biographe, la promptitude de l'exécution ; puis, comme les conceptions supérieures finissent toujours, sur un point quelconque, par triompher des préjugés, on convenait que ce style était bien approprié au sujet, que c'était de la peinture comme il en fallait aux Chartreux, qu'à l'aspect de ces tableaux on respirait la vie du cloître. On admirait donc, puisqu'on sentait cette harmonie locale, cette unité d'impression qui est le premier mérite de ces tableaux; mais on admirait en faisant des réserves et en attribuant l'effet produit, non pas au principe de vérité et de simplicité qui inspirait le talent de Lesueur, mais à une circonstance heureuse qui s'était rencontrée d'accord avec ce talent......

» Cette *Vie de saint Bruno*, malgré l'état déplorable où l'ont réduite d'abord les odieuses profanations de l'envie contemporaine ; puis le respect même des bons religieux, qui, en mettant sous clef leurs tableaux et en les privant d'air, les avaient exposés à d'autres sortes de dégradations, puis enfin la mise sur toile et les restaurations de 1776, sans compter les retouches sous l'empire et quelques autres plus récentes ; cette *Vie de saint Bruno*, dis-je, est encore aujourd'hui un des plus beaux monuments de la peinture moderne, comme œuvre de sentiment et de naïveté, sans effort ni affectation. La légende du frère Raymond, qui sert de préambule à celle du saint, est écrite dans les quatres premiers tableaux avec une clarté et une franchise pittoresque qui se marient merveilleusement à une certaine crédulité tout historique. Puis viennent le recueillement, la prière, la vocation du saint, ce tableau d'une seule figure, et qui pourtant est si bien remplie par la seule émotion du pieux personnage, si puissante et si visible sous les plis de sa longue robe; puis la distribution de ses richesses aux pauvres, la prise d'habit, la lecture du bref du Pape, et par-dessus tout la mort du saint, cette scène religieusement tragique, si fortement conçue et mystérieusement exprimée ; en dépit des dégradations et des restaurations, ce sont là autant de chefs-d'œuvre d'expression qui, tant qu'il en restera vestige, feront les délices de toute âme sensible à la poésie de la peinture (1). »

Lesueur, après avoir terminé son travail, quitta l'asile de paix où il s'était enfermé pendant trois ans, et il rentra dans le monde, en laissant aux bons Pères ses chefs-d'œuvre avec le souvenir de ses vertus.

La belle œuvre du grand artiste, sans être admirée autant qu'elle le méritait, répandit cependant sa réputation. En 1648, on ne put se dispenser de l'admettre au nombre des douze membres fondateurs de l'Académie royale de peinture et de sculpture. Il fut chargé l'année suivante de peindre le tableau que présentait le 1er mai, à Notre-Dame, la confrérie des orfèvres de Paris. Lebrun, chargé de peindre le *Mai* l'année précédente, avait envoyé un *Martyre de saint André*, qui excitait l'admiration. Lesueur exécuta pour cette solennité, au prix de quatre cents livres, son *Saint Paul prêchant à Ephèse*, qui laissa bien derrière lui le *Martyre de saint André*, et le *Martyre de saint Etienne*, exposé encore par Lebrun deux ans après dans la même occasion. Qui n'a admiré, à la galerie du Louvre, ce chef-d'œuvre de

(1) Vitet.

Lesueur et de l'école française? Le style animé de cette noble composition, le ton lumineux de la couleur, tout tend à rendre plus frappante l'action de l'éloquence du grand apôtre, dont le front élevé semble porter l'empreinte du ciel que ses yeux ont entrevu. Les auditeurs émerveillés recueillent les paroles de saint Paul. Dans leur enthousiasme, les jeunes gens, les femmes, les vieillards apportent les livres profanes, les déchirent et les brûlent. Véritable chef-d'œuvre de poésie et de mouvement, d'invention et de style, le *Saint Paul à Ephèse*, non moins que la *Vie de S. Bruno*, a placé Lesueur au premier rang parmi les peintres de l'école moderne.

Vers 1651, Lesueur, dont la réputation s'étendait de jour en jour, termina pour l'abbaye de Marmoutiers-lez-Tours, deux grands tableaux, la *Messe miraculeuse de saint Martin*, et l'*Apparition de sainte Scholastique à saint Benoît*, délicieuses compositions qui, par leur caractère touchant et ascétique, expriment la perfection du genre qu'il avait embrassé. Vers la même époque, son pinceau religieux enrichit l'église de Saint-Gervais, de Paris, du magnifique tableau où, dans la peinture des deux frères Gervais et Protais entraînés pour sacrifier aux idoles, Lesueur semble s'être élevé au plus haut degré de son talent. Quelle grâce inimitable dans les têtes de ces jeunes saints comparaissant devant le proconsul Astase dans l'attitude simple et modeste de deux anges de vertu et de beauté ! On les condamne ; ils marchent au supplice tranquillement, la tête légèrement inclinée, les mains liées, et vêtus de la tunique blanche, symbole de pureté. Sur leurs traits respirent la joie et la candeur de l'innocence. Ils hâtent leurs pas, car pour eux la mort c'est le chemin du bonheur et de la gloire.

Lesueur, travaillant le jour et la nuit, composa encore, vers ce temps, *Jésus portant sa croix devant la sainte femme qui lui offre un linge où s'empreint sa face divine*, la *Descente de croix*. Ces deux tableaux, avec la *Vie de saint Bruno*, la *Salutation angélique*, et les autres chefs-d'œuvre dont nous avons parlé, forment aujourd'hui les principaux ornements de notre galerie du Louvre. Notre musée possédant ainsi les plus célèbres productions de Lesueur, il nous est facile d'apprécier complétement le génie de ce grand peintre. C'est là qu'on peut le comparer avec son premier maître Simon Vouet, ou bien avec son rival Charles Lebrun, dignement représenté au Louvre par ses grandes scènes des *Batailles d'Alexandre*, par le *Martyre de saint Etienne*, la *Madeleine repentante*, le *Christ aux anges*, etc. Mais il y a plus de profit sérieux à mettre en parallèle Lesueur et son ami Poussin, grands poëtes tous deux, le premier plus sensible, le second plus philosophe : l'un comparable, comme on l'a dit, à Fénelon pour la douceur, la suavité de son pinceau ; l'autre se rapprochant plus de Descartes par son génie philosophique et son caractère profondément rêveur : tous deux enfin l'éternel honneur de l'école française, dont ils sont encore jusqu'ici les plus glorieux représentants.

Par les peintures dont Lesueur, en concurrence avec Lebrun, décora l'hôtel du président de Thorigny, depuis l'hôtel Lambert, ce grand artiste montra qu'aucun genre ne lui était étranger. Tandis que Lebrun peignait, dans la grande galerie, les travaux et l'apothéose d'Hercule, Lesueur, interrompant à regret ses compositions religieuses, décora plusieurs autres parties de l'hôtel des sujets les moins graves de la mythologie, qu'il sut traiter d'ailleurs avec autant de grâce que de décence. Le sentiment public parut favorable à Lesueur, qui se vit préféré au favori de Louis XIV, dans le genre même d'invention allégorique où Lebrun prétendait exceller.

Cependant, malgré l'estime et l'approbation des esprits supérieurs, Lesueur restait presque oublié de la cour, dispensatrice suprême de la renommée, et si prodigue alors envers son heureux rival et d'honneurs et d'argent. Cette partialité vint assombrir sans doute le caractère de notre artiste, naturellement porté à la mélancolie. Un second tableau du *Martyre de saint Gervais et saint Protais*, qu'il n'acheva pas, termina sa carrière de peintre. Son extrême passion pour son art, le désir de la gloire, une application trop assidue et de constants efforts pour arriver à la perfection, avaient fini par épuiser une santé déjà délicate. Un événement funeste était venu en outre exercer une influence fatale sur sa destinée. La mort prématurée de sa jeune épouse avait répandu sur sa vie un voile de deuil. Cette âme tendre fut comme dévastée tout à coup par la perte de cette vertueuse et modeste compagne, dont l'affection était son principal bonheur. Resté veuf ainsi à trente-six ans, presque abandonné de tous, persécuté avec acharnement par ses rivaux, profondément découragé, Lesueur se réfugia plus encore dans la piété, asile toujours ouvert à ceux qui souffrent.... Une maladie de langueur s'étant emparée de lui, il se retira dans les murs de cette même Chartreuse où son suave pinceau avait enfanté tant de merveilles. Dans cet asile de paix où la reconnaissance l'avait souvent accueilli, les bons Pères ne cessèrent de lui prodiguer les consolations de la religion. Mais ce fut en vain que, par leurs soins assidus, ils s'efforcèrent de prolonger les jours précieux de leur ami. Ce grand artiste qui les avait émerveillés par ses œuvres, les édifia par sa mort. Ce fut dans les bras du vénérable prieur qu'il rendit son âme à Dieu, vers les premiers jours de mai 1655, dans sa trente-huitième année. Son corps inhumé à Saint-Etienne-du-Mont, y fut honoré d'une modeste tombe, sur laquelle on grava une simple épitaphe, aujourd'hui effacée (1).

Murillo.

(École espagnole.)

1618 — 1682

L'école espagnole, sans briller à beaucoup près d'un aussi vif éclat que celle de l'Italie, a cependant produit une suite de peintres d'une originalité remarquable, dont les œuvres doivent exciter notre admiration. Vélasquez, Ribeira, Murillo, Alonzo, Cano, Zurbaran, etc., sont des noms qu'on ne prononce qu'avec honneur. Ces artistes, à la touche hardie, énergique, excellaient à exprimer les mouvements de l'âme, à rendre la pensée sensible aux yeux, à scruter le cœur pour y découvrir les plus intimes sentiments. La foi vive et passionnée qui, dans cette contrée, échauffait en même temps le génie des peintres et l'imagination du peuple admirateur de leurs ouvrages, enfantait toutes ces merveilles. Nos regards ont pu en contempler quelques-uns à Paris, dans les salons du maréchal Soult ou de M. Aguado, et dans le musée espagnol du Louvre, dû aux soins du baron Taylor. On distingue trois grandes écoles espagnoles : celle de Madrid, de Valence et de Séville. Ces écoles principales, après s'être élevées par degrés, atteignirent leur force et leur splendeur vers le milieu du dix-septième siècle, époque de gloire pour l'Espagne. C'est alors que florissaient Vélasquez, Zurbaran, Ribeira, Cano, et surtout Murillo, le plus célèbre des peintres espagnols, sur lequel nous arrêterons un instant nos regards.

(1) On doit citer encore parmi les tableaux importants de Lesueur : *Saint Paul guérissant les malades devant Néron*, le *Martyre de saint Laurent*, *Tobie donnant des instructions à son fils*, etc.

Bartholomé-Esteran Murillo naquit à Séville, le 1er janvier 1618, de parents d'une humble condition, et reçut comme par charité, de son oncle Juan del Castillo, artiste médiocre, les premières notions de l'art de la peinture. Il fit des progrès rapides. Mais son maître étant allé à Cadix, le jeune élève demeura sans guide, sans soutien. Obligé de vivre de son pinceau avant même de savoir le manier habilement, il se mit à peindre, sur de petits carrés de toile ou de bois, des bannières ou des tableaux de pacotille, appelés des *Notre-Dame de Guadalupe*, que les armateurs des galions d'Amérique emportaient parmi les peuplades nouvellement converties du Mexique et du Pérou. Ce genre d'ouvrage lui acquit une grande pratique; il se fit connaître dès lors comme un habile coloriste.

Vers 1634, passait par Séville pour se rendre à Cadix, le peintre Pedro de Moya, revenant d'Angleterre, où il avait recueilli les dernières leçons de Van Dyck. La vue des ouvrages de cet artiste inspira au jeune Murillo, à peine âgé de seize ans, le désir de marcher sur les traces du grand peintre flamand; mais le court séjour de Moya à Séville ne lui permit de profiter que bien peu de temps de ses conseils. Abandonné une seconde fois à lui-même, Murillo, avide de s'instruire à l'école des grands maîtres, résolut de se rendre en Italie.

Dénué de fortune, comment le jeune artiste espagnol pourra-t-il entreprendre ce voyage? Réunissant toutes ses ressources, il prend un parti extrême : il achète un rouleau de toile, le coupe en une multitude de petits morceaux sur lesquels il peint nuit et jour des sujets de dévotion ou des fleurs, qu'il vend ensuite de son mieux. Possesseur de quelques réaux, il n'hésite plus; à l'insu de ses parents, de ses amis, il part à pied et commence par se rendre à Madrid (1643).

Vélasquez, qui habitait cette capitale, était alors dans toute sa gloire. Le peintre de Philippe IV accueillit avec bonté son jeune compatriote ; il le félicite, l'encourage ; mais il le détourne de son voyage de Rome, et le sert d'une manière bien plus efficace, en lui procurant, soit à l'Escurial, soit dans les palais de Madrid, des travaux lucratifs. Murillo étudia sans relâche durant trois années les maîtres vénitiens et flamands, dont il aimait surtout la manière. Puissamment aidé par les conseils ou même les leçons de Vélasquez, il ne tarda pas à se distinguer par un admirable talent. Au bout de ce temps, il prit le parti de revenir dans sa ville natale, où il fixa désormais son séjour (1645).

Le retour de Murillo à Séville causa d'abord peu de sensation. Mais lorsque l'année suivante il eut peint le petit cloître de Saint-François, on demeura frappé d'étonnement. Les tableaux de la *Mort de sainte Claire* et de *Saint Jacque distribuant des aumônes*, mirent le sceau à sa réputation. Il se vit alors chargé d'une multitude de travaux qui lui procurèrent en peu de temps une fortune plus qu'indépendante. Son mariage avec dona Béatrix de Cabrera, noble et riche dame, prouva peu d'années après combien il était déjà haut placé dans l'estime publique. Dès ce moment, Murillo ne quitta plus sa patrie ; durant près de quarante ans, il consacra son merveilleux talent à produire principalement, pour les églises de Séville, les innombrables ouvrages qui le placent à la tête des peintres de sa nation.

Murillo, doué d'une imagination brillante, intarissable, animé de sentiments pieux et tendres, affectionnait surtout les sujets sacrés, où il est permis à l'art de s'élever au-dessus de la nature vulgaire pour s'élancer dans le monde idéal. On doit féliciter ce grand artiste d'avoir compris que là était la source la plus féconde, et d'y avoir constamment puisé. Ses œuvres n'en ont été que plus belles ; sa gloire n'en a été que plus pure. Quelle expression grandiose et inspirée dans ses figures de Vierge ! Quel caractère surnaturel et divin dans ses têtes de Jésus-Christ, à quelque âge qu'il le représente ! Quelle expression aussi, quelle pureté dans ses figures de saints et de saintes ! Murillo, loin d'imiter tant d'artistes à qui la vogue fait négliger le soin de leur gloire, perfectionna de plus en plus sa manière, donna plus de hardiesse à son pinceau, et sans abandonner cette suavité de coloris qui le distinguait de tous ses rivaux, il mit plus de vigueur dans ses tons et plus de franchise dans sa touche. Ce peintre parut se surpasser encore dans ses tableaux pour Sainte-Marie-la-Blanche ; dans la *Conception*, dont il orna la coupole de la cathédrale, et surtout dans une *Sainte Elisabeth de Hongrie*, et le *Retour de l'Enfant prodigue*, qu'il exécuta en 1674 pour l'hospice de la Charité. Vers la même époque, il décora l'hospice des Vénérables d'une autre *Conception*, digne des plus pures productions de l'école lombarde. Citons encore l'*Extase de saint Antoine de Padoue*, la plus vaste de ses toiles, qu'on admire dans une chapelle de la cathédrale de Séville. Murillo avait également exécuté, pour le couvent des Capucins de sa ville natale, vingt-trois tableaux, le plus bel ornement de leur église. Ces religieux ont depuis emporté ces ouvrages en Amérique.

En 1814, on a pu entrevoir à la galerie du Louvre quatre magnifiques tableaux de Murillo : 1° l'*Adoration des bergers* ; 2° *Sainte Elisabeth de Hongrie* ; 3° et 4° l'*Emplacement de Sainte-Marie-Majeure désigné au patrice Jean par un espace couvert de neige*. C'était un don fait au roi de France par le maréchal Soult, à qui Séville en avait fait hommage. Ces tableaux précieux, surtout les derniers, établissaient d'une manière incontestable le degré de perfection où s'est élevée l'école espagnole, et la manière propre de ses artistes : car Murillo, comme notre Lesueur, n'ayant jamais quitté son pays natal, offre dans toute sa pureté le caractère de cette école. C'est à cette originalité de talent qu'il doit aussi d'occuper un des premiers rangs parmi les peintres les plus distingués de toutes les nations. Nous ne possédons plus ces quatre chefs-d'œuvre, qui dès 1815 sont retournés en Espagne ; mais le musée espagnol du Louvre offre encore quelques belles toiles de Murillo, où brillent les qualités de ce grand peintre : une fidèle imitation de la nature, la suavité, l'éclat, la fraîcheur et l'harmonie du coloris.

Appelé à Cadix en 1681, pour peindre le maître-autel du couvent des Capucins, Murillo exécuta sa grande composition du *Mariage de sainte Catherine*. Il était sur le point de la terminer, lorsqu'il tomba un jour de son échafaudage, et se fit une blessure grave, dont il ressentit cruellement les suites jusqu'à sa mort, arrivée l'année suivante à Séville (3 avril 1682). Il était âgé de soixante-quatre ans. Son corps fut inhumé dans l'église de *Santa-Cruz*, précisément sous la chapelle où se trouvait cette belle *Descente de croix* du flamand Pierre de Champagne, devant laquelle Murillo avait passé tant d'heures en extase et en contemplation. Un jour, dit-on, qu'il admirait ce chef-d'œuvre, longtemps après l'heure où se fermaient les portes de l'église, un sacristain vint lui demander pourquoi il ne se retirait pas. « C'est que j'attends, lui répondit l'artiste, que ces saints personnages aient achevé de descendre Notre-Seigneur de la croix. »

Au mérite le plus éminent comme peintre d'histoire, et surtout d'histoire sacrée, Murillo joignit celui d'exceller également dans la peinture des fleurs, des paysages, des marines. Au merveilleux talent qu'il avait acquis par une application infatigable, il réunit les plus brillantes qualités du cœur, et toutes celles de l'homme de bien et du chrétien. Il était le protecteur, l'ami de tous les jeunes artistes. Il aima tendrement sa patrie, et non content de l'enrichir de ses ouvrages, il fonda avec le concours des autorités municipales une académie publique de dessin à Séville, dont il fut le premier directeur et le premier maître. Parmi les disciples de ce grand peintre, on doit citer Clément de Torres, don Jean Simon, Etienne Marquez, Sébastien le Mulate. Il laissa deux fils : l'aîné, don Gabriel, alla faire le commerce dans le Nouveau-Monde ; le second, don Gaspar, après avoir pratiqué la peinture avec peu de succès, entra dans les ordres et devint chanoine de la cathédrale de Séville.

Lebrun.

(Ecole française.)

1619 — 1690

Charles Lebrun, l'un des chefs de l'école française, naquit à Paris l'an 1619, et dut à la protection du chancelier Séguier son entrée dans la carrière qu'il devait parcourir avec tant de gloire. Frappé de ses heureuses dispositions pour la peinture, ce digne magistrat le plaça chez Simon Vouet, puis il le fit partir pour Rome, où il l'entretint à ses frais pendant six années. De tels exemples n'étaient point rares alors. Les hommes éminents par leur position, par leurs richesses, savaient découvrir le génie naissant et se faisaient un honneur de l'aider au développement de talents qui devaient tourner à la gloire de la France. Pourquoi une pareille munificence est-elle presque méconnue de nos jours !

Lorsque le jeune Lebrun partit pour Rome, Poussin

quittait aussi la France pour retourner dans la capitale des arts. Les deux artistes se rencontrèrent à Lyon et contractèrent dès lors une amitié qui devait être durable. Ils arrivèrent ensemble à Rome, où Lebrun n'eut point d'autre demeure que celle de Poussin. Le grand peintre le prit en affection et l'admit dans tous les secrets de son art. Son jeune émule peignit dans la ville éternelle quelques tableaux à la manière de Poussin, auquel même on les attribue encore. Rappelé en France, Lebrun, âgé de vingt-sept ans, peignit pour Notre-Dame de Paris le *Crucifiement de saint André* et le *Martyre de saint Étienne ;* son *Moïse frappant le rocher*, et quelques autres tableaux fixèrent sa réputation. L'académie de peinture le reçut cette même année au nombre de ses membres (1648).

L'année suivante, on voit Lebrun peindre, en concurrence avec Lesueur, l'hôtel du président Lambert. Les peintures dont il orna la galerie de cet hôtel sont regardées comme l'un de ses plus beaux ouvrages. Le surintendant Fouquet, charmé de son talent, lui confia la décoration de son château de Vaux. L'artiste répondit si bien à son attente que le généreux ministre se l'attacha par une pension de 12,000 livres, indépendamment du prix de ses ouvrages, largement payés à part. Le cardinal Mazarin se plaisait à venir voir travailler Lebrun. Un jour, après avoir parlé de la *Défaite de Mayence*, peinte par Jules Romain d'après les desseins de Raphaël, il demande au peintre s'il se sentirait capable de traiter le même sujet. « Oui sans doute, » répond Lebrun ; et il lui montre un carton qu'il vient de peindre par ordre de Fouquet pour la tapisserie du roi. Mazarin, frappé de la beauté de cet ouvrage, en loue vivement l'auteur qu'il s'empresse de présenter à Louis XIV. Ce fut là le premier degré de la faveur à la cour de l'illustre peintre de la galerie de Versailles et des *Batailles d'Alexandre.*

La reine-mère, Anne d'Autriche, ayant demandé à Lebrun un tableau pour son oratoire, l'habile artiste peignit le *Christ aux anges*, l'un de ses chefs-d'œuvre, qu'on voit au musée du Louvre. Lebrun était dès lors le peintre de la cour. C'est sur ses desseins que furent élevés tous les arcs-de-triomphe construits pour le mariage de Louis XIV. En 1662, Colbert le fit nommer premier peintre du roi, lui obtint des lettres de noblesse et une pension égale à celle dont Fouquet l'avait gratifié. C'est alors que, pour justifier une protection si éclatante, Lebrun donna à son génie le plus brillant essor. Il déploya tout l'enthousiasme de son talent dans cette belle suite de *Batailles d'Alexandre* qui ont rendu son nom si populaire et si illustre. Le *Passage du Granique*, la *Bataille d'Arbelles*, la *Tente de Darius*, la *Défaite de Porus*, l'*Entrée d'Alexandre dans Babylone*, resteront comme un des beaux monuments de l'école française. Entre ces cinq tableaux, on préférera toujours la *Famille de Darius.* Lebrun peignit ce chef-d'œuvre dans son atelier de Fontainebleau, où Louis XIV venait souvent passer deux heures, tant il se plaisait à voir avancer ce magnifique ouvrage. Que de grandeur, en effet, que d'expression touchante dans cette visite du vainqueur d'Issus à la famille prisonnière! Quelle douleur noble dans cette reine qui présente son fils au vainqueur de son infortuné père! Quelle douleur aussi dans ces deux jeunes filles qui tombent à ses pieds! Enfin, quelle pitié n'inspire pas cette vénérable mère de Darius, confuse d'avoir pris Ephestion pour Alexandre! Mais comme on aime à voir le héros accueillir avec bonté cette famille déchue, et répondre avec une noble douceur à Sysigambis : « Non, ma mère, vous ne vous êtes pas trompée, celui-ci est un autre Alexandre. »

Lebrun, chargé de peindre la grande galerie du palais de Versailles, consacra à ce travail près de quatorze années. C'est un poëme épique en peinture, qui, s'ouvrant au moment où Louis XIV prend en main les rênes de l'Etat, se termine à la paix de Nimègue. L'artiste, aidé du secours de l'ingénieuse allégorie, a retracé avec enthousiasme la vie entière du monarque, dont le règne est une des plus brillantes époques de notre histoire. Nous l'avons dit ailleurs, nous n'aimons point ce genre allégorique, dont l'art a tant abusé, et que nous regardons comme un anachronisme. On ne peut le nier cependant, Lebrun offre dans cette splendide galerie de Versailles un des exemples les plus heureux des ressources que l'allégorie peut apporter à la peinture. Rubens, dans sa galerie du Luxembourg, lui avait déjà frayé la voie et fourni un modèle. Mais si le peintre français a moins de verve d'exécution, moins de puissance de coloris que l'artiste flamand, il lui est incontestablement supérieur par la sagesse de la composition et la manière ingénieuse dont il a conçu ses fictions.

Colbert, charmé du talent qu'avait déployé Lebrun dans les peintures de la chapelle et du pavillon de l'Aurore de son château de Sceaux, lui obtint la direction générale de tous les ouvrages de peinture, de sculpture et d'ornement qui se faisaient dans les bâtiments de la couronne. Placé à la tête de la manufacture des Gobelins, où il lui fut assigné un logement avec un traitement considérable ; nommé successivement recteur, chancelier, directeur de l'académie de peinture, et quoique absent et étranger, honoré enfin du titre de prince de l'académie de Saint-Luc à Rome, l'heureux peintre n'avait, ce semble, plus rien à envier. Jamais artiste ne jouit peut-être d'une plus haute faveur auprès du roi et de tous les grands du royaume, comme aussi de plus d'estime auprès des savants et de tous les amis des arts. Lebrun régnait véritablement en maître. Rien ne se faisait que sur ses dessins et d'après ses avis. Pendant longtemps il fut l'arbitre du goût en France. Hâtons-nous de dire qu'il fit servir le puissant crédit dont il jouissait à la gloire et à la prospérité de l'école française. Après avoir rappelé les bienfaits de Louis XIV sur l'académie de peinture de Paris, il sollicita et obtint de ce monarque, en 1666, la fondation de l'académie de France à Rome. Heureuse création qu'on pourrait perfectionner de nos jours et rendre plus utile, mais qui depuis près de deux siècles n'en a pas moins exercé une salutaire influence sur les destinées de l'art. Quelle émulation n'excite pas encore parmi les jeunes élèves la perspective, s'ils remportent le premier prix, d'aller passer trois années sous le ciel de Rome, dans ces murs sacrés où peignirent Raphaël, Michel-Ange, et où s'écoula la vie presque tout entière de notre immortel Poussin !

Mais à la mort de Colbert (1683), tout changea de face pour Lebrun. Le ministre Louvois, son successeur, déshéritant de sa faveur tous les protégés de ce grand homme d'Etat, enveloppa dans sa disgrâce le peintre de la galerie de Versailles. Mignard fut favorisé aux dépens de son rival. Louis XIV l'estimait encore cependant, mais Lebrun n'était plus l'astre rayonnant de la cour. L'envie excitée par l'espèce de dictature qu'il avait exercée pendant longtemps sur toutes les parties de l'art, s'attachait enfin à sa personne. Mignard lui-même avait la faiblesse de ne pouvoir lui pardonner les grandes faveurs dont l'avait comblé Louis XIV. Les désagréments qu'éprouvait Lebrun toutes les fois qu'il paraissait à la cour altérèrent sa santé. Il tomba dans une maladie de langueur qui mit fin à ses jours (12 février 1690). Son corps fut inhumé dans une chapelle de Saint-Nicolas-du-Chardonnet, où se trouvait déjà le tombeau en marbre qu'il avait consacré à sa mère. Sa veuve lui fit élever un magnifique mausolée orné d'un buste sculpté par Coysevox.

Outre les *Batailles d'Alexandre* et le *Christ aux anges* de ce grand artiste, le musée du Louvre possède encore le *Portrait de Lebrun* peint par lui-même, la *Pentecôte*, le *Christ au désert servi par des anges*, la *Lapidation de saint Etienne*, la *Madeleine* (1), la *Vierge apprêtant le repas de l'Enfant Jésus* (dit le *Benedicite*), la *Nativité*, l'*Entrée de Jésus dans Jérusalem*, *Jésus tombant sous le poids de sa croix*, *rencontré par sa mère et par saint Jean*, etc. Dans toutes ces compositions, il règne de la grandeur, de la noblesse ; mais on reproche à Lebrun de l'affectation et de la monotonie, une faiblesse de coloris trop souvent sèche et sans relief, un dessin mou et lourd, enfin une exécution pénible, et une exagération dans l'expression qui dégénère parfois en grimace et qui lui a fait donner par quelques-uns le surnom de *Comédien*. « Mais, comme dit un biographe, quoiqu'il ne puisse être comparé pour la grâce et l'expression à Raphaël, pour l'énergie et la science du dessin à Michel-Ange, pour la vérité du coloris à Titien et à Paul Véronèse, pour la verve et l'enthousiasme à Rubens, pour le naturel et la simplicité à Lesueur, pour la profondeur de la pensée à Poussin, il doit cependant être considéré comme un des plus habiles artistes qui aient honoré l'art de la peinture en réunissant à un haut degré plusieurs de leurs qualités précieuses ; et sous le rapport de la poésie et de la science, l'école française ne cessera de regarder les compositions de Lebrun comme un de ses plus beaux titres de gloire. »

(1) Ce tableau se trouvait au couvent des Carmélites de Paris. On voulait y reconnaître les traits de Mme de la Vallière.

Jean Jouvenet.

(Ecole française).

1644 — 1717

Un maître peintre et sculpteur, Jean Jouvenet, présumé originaire d'Italie, qui vint s'établir à Rouen vers le milieu du seizième siècle, fut l'auteur de plusieurs générations d'artistes. L'un d'eux, Laurent Jouvenet, peintre et sculpteur également, eut quinze enfants. Dans le nombre se trouvent Marie-Madeleine, qui épousa Jean Restout, peintre de Caen, père et grand-père des Restout, de l'académie de peinture; François Jouvenet, qui fut peintre ordinaire du roi; et enfin, Jean Jouvenet, l'auteur célèbre de la *Descente de croix*, et l'un des meilleurs maîtres de l'école française.

Ce grand artiste naquit à Rouen, en avril 1644. Lorsqu'il fut suffisamment initié à la peinture dans la maison paternelle, on l'envoya étudier à Paris. Lebrun venait de fonder l'académie des beaux-arts. Mignard et Lebrun étaient alors les maîtres absolus de l'art français. Jouvenet avait dix-sept ans. Il paraît qu'il prit goût aux grandes machines de Lebrun, puisqu'il travailla longtemps avec lui aux peintures de Versailles (de 1661 à 1680). Mais ne craignons rien pour l'originalité de son génie et l'avenir de son style. Il ne prendra de son maître, si habile praticien d'ailleurs et abondant compositeur, qu'une exécution large et facile, la science des procédés techniques et l'art de l'ordonnance dans les sujets compliqués. Sans autre guide que la nature et ses propres réflexions, il saura bientôt se créer un genre particulier. « Jouvenet et Lafosse dans la grande peinture, dit un écrivain, Largillière et Rigaud dans le portrait, de même que Coysevox en sculpture, nous semblent les intermédiaires entre l'art du dix-septième siècle et l'art du dix-huitième. La liberté, la verve, l'indépendance, le mouvement, le caprice, l'élégance, l'adresse vont succéder à la majesté froide et raide, à la noblesse emphatique du règne de Louis XIV, et ces qualités nouvelles iront jusqu'à l'exagération. Mais Jouvenet n'est pas responsable de la frivorité de ses successeurs. Il est aussi éloigné de Boucher que de Mignard. Il a le bonheur de tenir une place très-haute et très-distincte aux confins de deux écoles bien différentes. Il n'a les défauts ni de l'une ni de l'autre, mais justement les qualités de celle-ci et de celle-là. »

Jouvenet ne tarda pas, en effet, à se dépouiller des influences de son entourage et de son temps. Vers 1672, sa manière se dégage, et son style commence à se personnifier. En 1673, à 29 ans, il remporte le second prix de l'Académie, et, la même année, il peint, pour la confrérie des orfèvres de Paris, le tableau du *Mai*, ainsi appelé parce qu'il restait exposé durant tout le mois de mai sous le portail de Notre-Dame. La confrérie en faisait don ensuite à la cathédrale (1).

Le tableau du *Mai* obtint un immense succès; la réputation du jeune peintre fut dès lors assurée. Le 27 mars 1675, Jouvenet fut proclamé membre de l'Académie. Son tableau de réception, *Esther devant Assuérus*, accrut encore sa renommée. L'année suivante, on le nomma adjoint au recteur, et bientôt professeur en titre. Le roi lui accorda un logement au palais des Quatre-Nations.

Jouvenet s'installa avec enthousiasme dans un atelier

(1) Ce tableau, *la Guérison du paralytique*, se voit encore aujourd'hui à Notre-Dame, dans le chœur, au-dessus des statues sculptées.

immense, y monta une toile de 28 pieds de long sur 13 de haut, et entreprit aussitôt son *Jésus guérissant les malades*, une des plus grandes machines de l'école française (1). « Ce tableau, remarque un écrivain, peut être pris pour un résumé de tous les talents de Jouvenet comme aussi de ses défauts. Les ombres y sont indiquées carrément; les figures sont vivement jetées, un peu vulgaires de forme, mais remplies de chaleur et de mouvement : on y voit des malades qui s'agitent pleins d'espoir à la vue d'un Dieu dont le visage resplendit de sérénité. On ne saurait mettre plus de science dans un dessin qui d'ailleurs est maniéré, plus d'animation dans la pantomime, plus de feu dans l'exécution. L'ordonnance enfin est pittoresque au premier chef; elle présente des lignes heureusement contrastées, et de larges effets de lumière et d'ombre. Ses figures ressemblent quelquefois à ces hardies et savantes ébauches du sculpteur, produites par un sentiment brûlant qui n'est refroidi par aucune fatigue, et que souvent on préfère à des œuvres beaucoup plus finies.

Jouvenet fit paraître, les années suivantes, des tableaux célèbres : l'*Isaac bénissant Jacob*, du musée de Rouen; le *Nunc dimittis*, pour les Jésuites; la *Famille de Darius*; le *Louis XIV guérissant les écrouelles*, fait en concurrence d'Antoine Coypel, de Hallé, des frères Boullongue, sur le programme de l'abbé de Saint-Riquier, qui décerna à Jouvenet une médaille d'or, prix du concours.

Après la mort de Lebrun (1690), Jouvenet prit le premier rang dans l'école française. Il régnait à son tour sur la peinture, et ne pouvait suffire aux portraits et aux tableaux qu'on lui demandait. Il fit alors le *Mariage de la sainte Vierge*, qu'on voit à la biblio-

(1) Ce tableau est aujourd'hui au Louvre.

thèque d'Alençon, et le portrait de l'abbé de Sainte-Marthe (1691). En 1696, il fut appelé à Rennes pour peindre le plafond de la grand'chambre du parlement. Durant son séjour dans la même ville, il exécuta, en six semaines, trois plafonds pour son hôte, le greffier en chef. Louis XIV voulut se montrer généreux envers ce vigoureux peintre. Il lui accorda une pension de 1,200 livres, qui plus tard fut augmentée de 500 livres. Il avait aussi résolu d'envoyer Jouvenet en Italie aux frais de l'Etat. Mais ce projet ne se réalisa point. L'artiste normand ne quitta point Paris. Jamais Jouvenet ne s'est tourné vers le Midi. Mais peut-on le regretter, si c'est à sa vie sédentaire qu'il doit d'avoir conservé son originalité native ?

La *Résurrection de Lazare*, que possède le Louvre, est du meilleur temps de Jouvenet. Quel admirable et grand tableau ! « Jouvenet, dit l'historien Monteil (1), s'était continuellement appliqué à la lecture de l'Evangile, et il n'est pas étonnant qu'il en ait découvert la page la plus pittoresque. Cette page ne cesse de le ravir ; elle ne cesse de se dessiner dans sa pensée, de se colorier, de s'agrandir, de s'embellir. Enfin il est subitement forcé de prendre ses pinceaux et de peindre; qu'a-t-il vu ? Lazare est mort depuis plusieurs jours; son corps gît dans un monument creusé au pied d'une roche; Jésus s'est montré dans les environs; la sœur de Lazare, belle de son âge, de sa pâleur, de ses larmes, est venue vers Jésus lui demander la résurrection de Lazare, et voici la plus touchante des scènes : Jésus est au milieu, sa taille est élevée au-dessus de celle des autres hommes, sa face rayonne de sa toute-puissance. Fils de l'Auteur de la nature, il va en suspendre les lois. Il s'avance, et s'inclinant légèrement, il tend

(1) *Hist. des Français des divers états*, XVIIe siècle.

les bras vers le bas de la roche où est le monument ; il appelle Lazare : *Lazare ! lève-toi !* les hommes qui sont entrés dans le monument, à la lueur des flambeaux, pour faire tomber le suaire, roulent frappés de stupeur, non à la vue de la mort, au contraire, c'est à la vue de la vie. Lazare respire par une bouche livide, regarde par des yeux éteints ; il se réveille dans un corps tombant en dissolution. La frayeur, l'épouvante de ces hommes, sous les yeux, sous les mains de qui le miracle s'opère, la vive admiration du peuple, constrastent avec la figure calme des apôtres, accoutumés aux miracles de leur divin Maître. Si ce n'est là, où donc est l'entente d'une grande composition ? »

Parmi les autres tableaux de Jouvenet que possède le musée du Louvre, on doit citer : *Jésus chez Marthe et Marie*, *l'Extrême-Onction*, *les Vendeurs chassés du Temple*, et enfin deux magnifiques chefs-d'œuvre : *la Pêche miraculeuse* et *la Descente de croix*. Afin de représenter plus au naturel ses pêcheurs et ses marins dans le premier de ces deux tableaux, Jouvenet fit le voyage de Dieppe, et en rapporta de belles études qu'on admire dans cette composition. Un pêcheur vu de dos et qui retire ses filets, à droite, est surtout remarquable par une grandeur robuste et sa fière allure. Mais de tous les tableaux de Jouvenet, le plus complet, le plus vigoureux, le plus grandiose, le plus riche de couleur, est sa *Descente de croix*, l'un des plus précieux ornements du musée de Paris (1). Après la *Descente de croix* de Daniel de Volterra et celle de Rubens, la *Descente de croix* de Jouvenet est encore un chef-d'œuvre. Et dans l'école française, on peut hardiment la classer immédiatement après les chefs-d'œuvre de

(1) Faite en 1697, pour le couvent des capucins.

Lesueur et de Poussin, comme il convient de placer Jouvenet lui-même immédiatement après ces deux grands maîtres.

L'Apothéose des apôtres, au dôme des Invalides, est encore un des beaux ouvrages de Jouvenet. Ses figures d'apôtres ont quatorze pieds de haut. Il y a peu de peintres français qui aient enlevé aussi magistralement des figures de cette dimension. Aussi le retentissement qu'eurent ces vaillants travaux le firent nommer directeur de l'Académie, à la place de Coysevox, et plus tard un des quatre recteurs perpétuels, à la place de Noël Coypel. Quatre ans après, il voulut se démettre de son titre, mais l'Académie le conserva malgré lui pour recteur.

En 1713, Jouvenet fut atteint d'une paralysie complète de tout le côté droit du corps. Malgré ses soixante-neuf ans, il avait conservé toute l'abondance de son imagination, tous ces fougueux désirs de patricien. Quelle ne dut pas être son impatience, sa douleur! La paralysie le condamnait à l'impuissance! Il errait comme une âme en peine, autour de ses jeunes élèves travaillant dans son atelier. Un jour que Restout, son neveu et son disciple favori, peignait une tête dans un grand tableau, Jouvenet lui enleva la brosse pour donner plus d'expression à cette tête. Mais la main du malade n'obéissait plus au génie de l'artiste. Alors il passa son pinceau de la main gauche et fut tout surpris de retrouver son adresse et sa vigueur. Ce tableau qu'il acheva de la main gauche, est *la Mort de S. François*, du musée de Rouen. L'histoire de l'art ne cite, je crois, que Jean Holbein qui ait peint ainsi des deux mains.

Jouvenet se remit donc à l'œuvre, et exécuta plusieurs compositions, entre autres le plafond de la seconde chambre des enquêtes du parlement de Rouen. Il avait coutume de signer ces ouvrages *J. J., deficiente dextrâ*, *sinistrâ pinxit.* Cette sorte de merveille fit grand bruit. On allait voir travailler Jouvenet à l'atelier des Quatre-Nations. Tous les seigneurs de la cour, tous les étrangers de distinction s'empressaient d'entourer le vieux peintre des témoignages de leur admiration.

Le dernier ouvrage de Jouvenet est le *Magnificat* ou la *Visitation*, qui orne encore le chœur de Notre-Dame de Paris. Qu'il y a de génie, de grandeur, de noblesse et de force dans ce tableau. Comme il se sent peu de la vieillesse de son auteur ! Que l'effet en est pompeux et touchant ! Jouvenet termina par ce pieux *ex voto* son honorable et brillante carrière : il mourut le 5 avril 1717, entre les bras de sa sœur Marie-Madeleine et de son frère François, léguant à son pays, avec l'exemple de hautes vertus, un nom qui rappelle l'un des peintres les plus originaux et les plus vigoureux de l'école française (1). Doué du plus beau génie et de l'imagination la plus vive, Jouvenet pouvait embrasser avec un égal succès l'histoire, la fable, l'allégorie et le portrait. Mais il a préféré l'histoire et surtout l'histoire sainte, c'est là qu'il a puisé une pure et solide gloire. Parmi ses portraits, le plus cher au cœur de cet homme de bien fut sans doute celui de cet ami absent dont il rendit l'image précieuse à sa famille en reproduisant ses traits sur le parquet d'un salon avec une perfection inouïe. La feuille du parquet, détachée, fut conservée comme un monument du talent et de l'amitié. Honneur aux artistes qui font de leur art un si touchant usage !

(1) Outre les tableaux de Jouvenet dont on a déjà parlé, citons encore : au musée de Rouen, *Jésus présenté au temple, l'Ascension, la Vision de sainte Thérèse ;* — au musée de Toulouse, *la Fondation d'une ville de la Germanie par les Tectosages, Jésus-Christ descendu de la croix* ; — à Lyon, *les Vendeurs chassés du temple* et *S. Bruno en prière.*

Vien.

(Ecole française.)

1716 — 1809

Vien (Marie-Joseph), né à Montpellier le 18 juin 1716, annonça de bonne heure sa vocation pour les arts du dessin. A dix ans, il copia si habilement, à l'encre de Chine, l'estampe du serpent d'airain, d'après Lebrun, que ses parents émerveillés le placèrent peu de temps après chez un peintre de portraits, nommé Legrand. Le jeune Vien s'y distinguait déjà par des progrès rapides lorsque sa famille l'obligea de les interrompre pour entrer dans l'étude d'un procureur. Quel désespoir pour notre artiste! Il parvint cependant à quitter ce cabinet de la chicane, et entra dans une manufacture de faïence, où il fut chargé de colorer les sujets dont on ornait alors ces sortes de poteries. Enfin, ayant fait un premier apprentissage de la peinture à l'huile sous les yeux d'un artiste distingué de sa ville natale, il partit pour Paris en 1741; il était alors âgé de vingt-cinq ans.

Dépourvu de fortune, le jeune Vien végéta quelque temps dans la capitale, faisant alternativement des esquisses pour les marchands du pont Notre-Dame, et des *académies* pour les concours. Son zèle infatigable fut bientôt récompensé. Une première médaille d'abord, et l'année suivante un premier prix de peinture, attirèrent sur lui les regards. Peu de temps après, déjà supérieur à tous ses rivaux, Vien partait pour Rome aux frais du gouvernement.

L'heureux artiste, enthousiaste de son art, ne pouvait rester un moment oisif; il fit, durant la traversée, une superbe esquisse du *Massacre des Innocents*. A peine arrivé à Rome, il y composa des tableaux de grande dimension, avec une célérité d'autant plus remarquable que jamais la correction ne lui fut sacrifiée. Admirateur de l'antique, Vien étudia soigneusement tous les chefs-d'œuvre de la capitale du monde, sans négliger pour eux les leçons de la nature vivante. Ce fut en combinant ces deux études avec une sage mesure, qu'il se prépara à devenir le premier peintre d'histoire de son temps.

Vien ouvrit à Rome sa brillante carrière par l'*Histoire de sainte Marthe de Béthanie*, où il rappela le Dominiquin, le Guerchin et le Guide. Il fit cette suite de tableaux, autant pour exercer son talent que pour plaire à un bon religieux qu'il aimait et qu'il avait choisi pour son confesseur (1). Vien raconte lui-même avec une ingénuité charmante l'occasion de ces tableaux. « J'étais, dit-il, humblement à genoux aux pieds du P. Chérubin de Noves, définiteur général des Capucins de France, et je lui rendais compte de quelques bagatelles qui ne devaient pas être graves, car il n'avait pas l'air d'y faire grande attention. Lorsque mon affaire fut terminée, il en commença une avec moi d'une autre espèce. « Il y a, me dit-il, six tableaux à faire de l'histoire de sainte Marthe pour notre église de Tarascon ; mais nos bienfaiteurs ont si peu d'argent à donner, que je n'ose vous le dire. — Mais encore, mon Père, combien ? — Cent francs pour chaque. — Et de quelle grandeur ? — Dix pieds de haut

(1) Charles Ricard, connu sous le nom de P. Chérubin de Noves, de l'ordre des Capucins, qui, sans parvenir à la prélature, joua, au siècle dernier, un grand rôle dans les principales cours d'Europe. Après avoir été deux fois définiteur général des capucins de France, et après avoir passé trente-deux ans à Rome, où il jouit du plus grand crédit, il se retira dans le couvent des capucins de Tarascon, qu'il avait toujours affectionné, et qu'il combla de bienfaits jusqu'à sa mort, arrivée le 26 mai 1767, dans la soixante-dix-neuvième année de son âge.

sur huit de large. — Vos bienfaiteurs ne se ruineront pas! Mais, mon Père, la chose vous intéresse, je les ferai. » Il les fit en effet, dans les années 1747, 1748 et 1749, et des vingt-cinq louis du P. Chérubin, il ne resta que trente-six francs au peintre, le surplus ayant été absorbé par les frais. L'année suivante (1750), en retournant de Rome à Paris, Vien passa par Tarascon. Le P. Chérubin, alors dans cette dernière ville, lui fit l'accueil que méritaient ses talents, et lui demanda un septième tableau pour son église, celui de l'*Embarquement*. A cause de sa grande dimension, il lui offrit de le payer le double, c'est-à-dire deux cents francs. Vien représenta que, n'ayant plus l'avantage d'être pensionnaire du roi, il ne pouvait pas négliger entièrement le produit de son travail, et il le taxa à cinq cents francs, qui furent consentis.

Les beaux tableaux de l'*Histoire de sainte Marthe* par Vien, qui décorent l'église consacrée sous l'invocation de cette sainte à Tarascon (Bouches-du-Rhône), représentent les sujets suivants : 1° *Sainte Marthe recevant Jésus-Christ à Béthanie ;* 2° *la Résurrection de Lazare ;* 3° *l'Embarquement de sainte Marthe ;* 4° *l'Arrivée de sainte Marthe en Provence;* 5° *Sainte Marthe annonçant l'Evangile au peuple de Tarascon ;* 6° *l'Agonie de sainte Marthe;* 7° *les Funérailles de sainte Marthe.* L'auteur des *Monuments de l'église de Sainte-Marthe*, dont les savants travaux ont jeté un si grand jour sur le culte de cette illustre sainte, si populaire en Provence, a décrit avec détail chacune de ces belles toiles. « On trouve dans ces tableaux, dit-il très-justement, les belles formes de l'antique, une composition sage, savante et harmonieuse, un dessin correct, des draperies bien jetées, une expression simple et naturelle, une manière large, une touche forte et mâle, en un mot le talent de cet habile artiste, de ce génie régénérateur qui devait ramener l'école française à la simplicité de la nature. Enfin l'*Histoire de sainte Marthe* sera un témoignage immortel de l'éloge si bien mérité que la poésie, sœur de la peinture, s'empressa d'offrir à ce grand maître :

. . . .
Vien, c'est toi le premier qui, vengeant son outrage,
Rendis à nos pinceaux l'exacte vérité,
D'un dessin vigoureux l'aimable austérité,
Le brillant coloris, la sévère ordonnance,
Et de l'art, en un mot, le charme et la science. . .
L'histoire enfin par toi sentit sa dignité,
Reprit, sous tes pinceaux, sa force et sa fierté.
Pour frapper nos regards par d'augustes exemples,
Leur céleste splendeur éclata dans nos temples.

(DUCIS, *Epître à M. Vien.*)

Après une excursion à Florence, à Naples, à Venise, et dans les autres villes de l'Italie, où des chefs-d'œuvre de l'art attirèrent ses pas, Vien revint à Paris (1750), et fut reçu presque aussitôt à l'Académie de peinture et de sculpture. Sa réputation était déjà si haute, que plusieurs souverains d'Europe, entre autres le roi de Danemarck et l'impératrice de Russie, se disputèrent l'avantage de l'attacher à leur cour, par l'offre de places, de pensions ou de travaux généreusement payés. Mais Vien refusa toujours de quitter son pays.

Il présenta bientôt à l'admiration de ses concitoyens un *Saint Denis prêchant dans les Gaules*, grand tableau, placé dans l'église Saint-Roch, où, avec celui de *Sainte Geneviève des Ardents*, de Doyen, qui lui fait face, il partage aujourd'hui, comme autrefois, les suffrages des connaisseurs. Ce tableau est non-seulement l'un des meilleurs de Vien, mais c'est encore celui de tous qui caractérise le mieux son talent.

Vers cette même époque, le grand artiste, reconnu pour premier peintre d'histoire du temps, reçut presque à la fois les récompenses les plus flatteuses. Elu recteur de l'académie de peinture, puis membre de celle d'architecture, chargé enfin de diriger les élèves protégés par le roi, il fut appelé l'an 1771 à la direction de l'école française à Rome. Vien remplit cette charge pendant dix années de la manière la plus honorable et la plus digne. Accueilli à Rome comme un artiste d'une haute renommée, jouissant des faveurs du roi qui lui envoya presque aussitôt le cordon de Saint-Michel, il fit servir merveilleusement au profit de l'art sa puissante influence. Par les soins assidus qu'il donnait aux exercices de ses pensionnaires, par l'idée qu'il réalisa d'exposer à Rome chaque année publiquement leurs ouvrages, enfin et surtout par ses exemples, il opéra la plus heureuse réforme et ramena l'école française aux vrais principes de la peinture. A ce titre, il a des droits incontestables à la reconnaissance des amis de l'art.

Revenu à Paris en 1781, Vien se livra à un travail assidu ; plusieurs de ses tableaux placés aux expositions du Louvre attirèrent l'admiration du public. En 1788, il fut nommé premier peintre du roi Louis XVI. La révolution lui enleva ses places. Il ne lui restait plus pour soutenir sa famille que le fruit de ses épargnes, qui allaient être épuisées, lorsque Napoléon, premier consul, le créa sénateur, comte et commandant de la Légion d'honneur. Vien continua de se livrer à son art jusqu'à l'extrême vieillesse où il lui fut donné d'atteindre. Six mois avant sa mort, le vénérable vieillard travaillait encore. Ce doyen des artistes mourut à Paris, le 27 mai 1809, à l'âge de quatre-vingt-treize ans.

L'œuvre de Vien se compose de cent soixante-dix-neuf tableaux, parmi lesquels on admire, outre ceux dont nous avons parlé, les *Adieux d'Hector à Andromaque*; un *Ange apportant la couronne céleste à saint Germain d'Auxerre et à saint Vincent de Sarragosse*, et enfin l'*Ermite endormi* (1). Une aventure particulière a fourni, dit-on, le sujet de ce dernier tableau, justement estimé. Vien, se promenant dans la campagne de Rome, rencontra un ermite qui lui parut offrir une tête d'effet pour l'un de ses tableaux de *Sainte Marthe*, et qui consentit à servir de modèle. Cet ermite aimait la musique. L'un des pensionnaires de l'école de France lui fit cadeau d'un mauvais violon dont l'ermite râclait après avoir déjeuné dans l'atelier du peintre et aussi dans ses moments de repos. Un jour que l'artiste peignait un pied d'après l'ermite, le violon cesse tout à coup de se faire entendre : Vien lève la tête et voit son modèle endormi dans l'attitude exacte où il est représenté daus le tableau. Cette pose lui paraît pittoresque : il se lève doucement, quitte sa palette et crayonne la figure entière. L'ermite éveillé est le premier à dire que ce croquis pourrait devenir un bon tableau. C'était précisément ce que Vien avait déjà résolu, et en huit jours le tableau est exécuté tel qu'on le voit aujourd'hui au musée du Louvre.

Vien est surtout célèbre dans l'histoire de l'art comme ayant commencé la régénération de la peinture, tombée si bas en France au dix-huitième siècle, et comme ayant préludé à l'œuvre qu'accomplit David, son élève. Il nous resterait à parler de ce dernier peintre, fondateur d'une école d'où sont sortis les Gérard, les Girodet, les Gros, les Guérin, et les autres peintres illustres de nos jours ; mais notre plan nous interdit d'aborder l'histoire contemporaine ; aussi bien nous répugne-t-il de retracer l'histoire de l'artiste qui, passionné pour les républiques de la Grèce et de Rome, s'efforça d'en transplanter

(1) Ces deux derniers tableaux sont au musée du Louvre.

chez nous les institutions. Quels que soient d'ailleurs le talent et la renommée de l'auteur des *Horaces*, de l'*Enlèvement des Sabines*, de *Léonidas aux Thermopyles*, etc., nous n'admirons qu'avec grande réserve ce vigoureux chef d'une école inaugurée par les *solennelles nudités de l'empire*, comme dit un écrivain, et par un retour exclusif aux formes, aux beautés matérialistes de l'art païen.... Aujourd'hui l'école française, quoique dégénérée de son ancien éclat, possède encore cependant d'éminents artistes dont nous ne contesterons point le mérite et la gloire. Dans la peinture historique, Ingres, Lethières, Scheffer, Delaroche, Hess, Schnetz, Horace Vernet, et d'autres qu'on pourrait nommer à côté d'eux, ont conquis une place honorable dans l'histoire de l'art pour notre école. Dans le domaine des batailles, des scènes historiques des marines, des paysages, des portraits surtout, de la peinture de genre, enfin dans toutes ces intéressantes branches, la France compte encore de nombreux et dignes représentants. Mais il est un côté de l'art, son côté le plus important, le plus noble, qui végète parmi nous dans une triste stérilité. Oui, répétons-le avec un éloquent écrivain, « Il n'y a pas d'art religieux en France, ou ce qui en porte le nom n'en est qu'une parodie dérisoire et sacrilége. Ce n'est pas assurément que la *matière* de l'art manque aujourd'hui en France plus qu'en aucun autre pays à aucune autre époque. Il y a une religion en France qui compte encore des millions de fidèles..... Notre patrie est couverte des produits de l'art catholique qui ont survécu aux profanations et aux ravages. Pour un Louvre, pour un Versailles dont la France s'enorgueillit, elle a cent cinquante cathédrales, elle a six mille églises qui remontent au temps où régnait le véritable art chrétien. Ces cathédrales et ces églises, malgré leur pauvreté et leur nudité actuelle, ou plutôt à

cause de cette nudité, offrent aux peintres et aux sculpteurs le champ le plus vaste et presque le seul pour leurs travaux.... Ce n'est donc pas la matière qui manque en France à l'art religieux ; ce qui lui manque, c'est le bon sens, c'est la science, c'est la foi, c'est la pudeur chez la plupart de ceux qui en sont les prétendus ouvriers (1).... »
Pour trouver aujourd'hui une véritable école de peinture chrétienne, il faut donc aller au delà du Rhin, où fleurit l'admirable école contemporaine d'Allemagne, je veux dire celle d'Overbeck et de ses nombreux disciples. Disons-le cependant avec espérance, cette réaction de l'art commence à s'étendre jusqu'à la France. Oui, parmi nous une foule de nobles cœurs d'artistes palpitent du désir de secouer le joug du matérialisme païen, et aspirent pour l'art auquel ils ont dévoué leur vie, à des destinées plus élevées. Il est donc permis de l'espérer : nous verrons enfin surgir une école de peinture chrétienne dans cette France où, depuis notre immortel Lesueur, l'art n'a plus compté d'augustes et dignes représentants !....

(1) De Montalembert.

FIN

TABLE

— Lille, Typ. J. Lefort. 1876. —

Volumes in-12 chez le même éditeur

Adhémar de Belcastel, ou Ne jugez point sans connaître.
Ame (l'); entretiens de famille sur son existence. fig.
Amis de collége, par Mme Césarie Farrenc.
Antoine et Joseph, ou les Deux Educations.
Antoine, ou le Retour au village.
Beautés des leçons de la nature.
Bible de famille, ou Histoire de l'Ancien Testament.
Botanique à l'usage de la jeunesse.
Bruno, imitée de l'allemand.
Chants historiques, trad. de l'italien de Silvio Pellico.
Clotilde, ou le Triomphe du Christianisme chez les Francs.
Correspondance de famille sur le choix des amis.
Dom Léo, ou le Pouvoir de l'amitié. fig.
Drames à l'usage des colléges et des pensionnats.
Edmour et Arthur, par l'auteur de *Lorenzo.*
Epreuves (les) de la piété filiale.
Eugénie de Revel; souvenirs des dernières années du 18e siècle.
Famille Luzy, ou Désintéressement et Cupidité.
Fernand et Antony; épisode tirée de l'histoire d'Alger.
Foi (la), l'Espérance et la Charité.
Frédéric, ou l'Amour de l'argent, par Mme Césarie Farrenc.
Gilbert et Mathilde; épisode de l'histoire des Croisades.
Henri de Fermont, ou la Sévère Leçon.
Histoire d'Angleterre, depuis les Romains jusqu'à nos jours.
Histoire de Bossuet, par F. J. L.
Histoire de Du Guesclin.
Histoire de Fénelon, par F. J. L.
Histoire de François Ier, par l'auteur de l'*Hist. de Louis* XIV.
Histoire de Godefroi de Bouillon.
Histoire de Henri IV, roi de France et de Navarre.
Histoire de la Révolution française, à l'usage de la jeunesse
Histoire de Louis XII surnommé le père du peuple.
Histoire de Louis XIV, à l'usage de la jeunesse.
Histoire de Marie-Antoinette, et Précis sur Mme Elisabeth.
Histoire de Napoléon, par l'auteur de l'*Histoire de Vauban.*
Histoire de Philippe-Auguste, roi de France.
Histoire de Russie.
Histoire de saint François d'Assise.
Histoire de sainte Monique
Histoire de saint Louis, roi de France.
Histoire d'Espagne.
Histoire des Solitaires d'Orient.
Histoire de Stanislas, roi de Pologne.
Histoire de Vauban, par l'auteur de l'*Histoire de Napoléon.*
Histoire du Bas-Empire, par Ant. Caillot.
Histoire du Brave Crillon.
Histoire du Grand Condé.
Histoire du Moyen-âge, par F. G.

— Lille Typ. L. Lefort 1859 —

www.ingramcontent.com/pod-product-compliance
Ingram Content Group UK Ltd.
Pitfield, Milton Keynes, MK11 3LW, UK
UKHW021140260726
13994UKWH00001B/233